Einfach autofrei leben

HEIKO BIELINSKI

#Einfach autofrei leben

Nachhaltig mobil: Die besten Alternativen

südwest

INHALT

EINLEITUNG

In diesem Buch möchte ich Ihnen zeigen, wie Sie nachhaltig mobil sein können. Und nachhaltig mobil bedeutet vor allem: weniger oder gar nicht mit dem Auto zu fahren und am besten gar kein eigenes Auto mehr zu besitzen.

Sie können sich ein Leben ohne eigenes Auto nicht vorstellen? So ging es »uns« bis zum Jahr 2013 auch. »Uns«, das sind meine Frau, unsere zwei Kinder und ich. Wir wohnen seit 2001 in München. Und weil Mobilitätsentscheidungen in einer Familie nun mal meistens Gemeinschaftsentscheidungen sind, werde ich im Folgenden fast immer aus einer kollektiven »Wir«-Perspektive erzählen. Meine Frau und ich sind beide in den 1980er-Jahren in ländlichen Gebieten Baden-Württembergs aufgewach-

sen. Ein oder zwei Autos gehörten und gehören dort auch heute noch zur Standardausstattung jedes Haushalts. Der öffentliche Nahverkehr ist schlecht ausgebaut, Bahnstrecken wurden schon in den 1970er-Jahren stillgelegt. Ohne Auto ging es in unserer Jugend nicht. Mein erstes eigenes Auto bekam ich zum 18. Geburtstag. Ein roter Fiat Uno. Er ermöglichte mir zum ersten Mal volle Unabhängigkeit. Von da an besaß ich immer ein Auto. Als ich zum Studieren und später zum Arbeiten in größere Städte zog, zog ich meine Autos immer mit um. Sie waren mir treue Begleiter. Ich war von Kindesbeinen so daran gewöhnt, dass mir ein Leben *ohne* lange Zeit nicht vorstellbar schien. Und als wir dann zuerst unseren Sohn, dann unsere Tochter bekamen, war das Auto sowieso Pflicht. Eine Familie ohne Familienauto? Wie soll das denn gehen?

Ab 2011 bekam unsere Autogläubigkeit dann die ersten Risse. Wir sahen Freundinnen und Freunde, die ohne eigenen Pkw gut lebten, und waren gleichzeitig immer genervter von unserem eigenen. 2013 entschlossen wir uns dann nach reiflicher Überlegung, unseren Familienkombi zu verkaufen. Eine gute Entscheidung. Vielleicht spielen Sie auch schon länger mit dem Gedanken, Ihr eigenes Auto zu verkaufen, vielleicht möchten Sie erst mal ganz sanft Alternativen testen oder vielleicht scheint Ihr eigenes Auto für Sie im Moment sogar noch unverzichtbar.

Ich will Ihnen in diesem Buch zeigen, warum und unter welchen Umständen Sie kein eigenes Auto brauchen und wie Sie dadurch Lebensqualität gewinnen, Geld sparen und gleichzeitig Ihre persönliche Umweltbilanz verbessern, aber trotzdem, wie gewohnt, mobil bleiben. So viel kann ich nämlich schon versprechen: Ein Leben ohne Auto kann viel weniger Verzicht und viel mehr Gewinn sein, als Sie es sich jetzt vielleicht noch vorstellen. Dieses Buch soll aber kein Anti-Auto-Buch sein.

Es geht nicht darum, einen moralischen Zeigefinger zu erheben. Es gibt unzählige Fälle, in denen ein Auto heute immer noch unverzichtbar ist. Menschen mit Einschränkungen, ältere Menschen, Landbewohner oder Handwerker brauchen selbstverständlich oft ein Auto. Und auch wir nutzen als Familie immer noch Autos (wenn auch nur ausgeliehene).

Mit zwei Kindern und einem Haushaltseinkommen, das ziemlich genau dem deutschen Durchschnitt entspricht, gehören wir zu einer Bevölkerungsgruppe, die in politischen Diskussionen um Mobilität regelmäßig als ein Beispiel dafür herangezogen wird, dass es ohne eigenes Auto eben nicht geht. Dieses Vorurteil möchte ich in diesem Buch aufbrechen. Wir leben seit mehreren Jahren ohne Auto und sind sehr zufrieden damit. Das lässt sich sowohl ganz nüchtern in Zahlen und Tabellen ausdrücken als auch in einer neuen gefühlten und erlebten persönlichen Freiheit. Von beidem will ich in diesem Buch berichten.

Im ersten Teil werde ich zuerst die verschiedenen Kosten aufzeigen, die ein Pkw verursacht. Neben den bekannten Spritkosten lohnt es sich, dort genauer auf zusätzliche private und gesellschaftliche Kosten zu schauen, die vom motorisierten Individualverkehr verursacht werden.

Im zweiten Teil folgen praktische Tipps aus unserem Alltag ohne Auto. Neben alternativen Fortbewegungsmitteln will ich dabei auch lieb gewonnene, gesellschaftlich stark verankerte Auto-Glaubenssätze hinterfragen und Ihnen einige Ängste nehmen, die Sie vielleicht bei dem Gedanken an ein Leben ohne eigenen Pkw haben.

Als Anregung und Motivation finden sich zwischen den einzelnen Kapiteln **Interviews** mit Menschen, die wie wir ohne Auto leben und aus ihrem Alltag berichten.

Weil es im Mobilitätsbereich ständig Veränderungen und neue Anbieter gibt, finden Sie im begleitenden Blog zum Buch (einfachautofreileben.de) viele zusätzliche und aktualisierte Informationen und Links. Außerdem finden Sie in den einzelnen Kapiteln weiterführende Links.

Mit den zahlreichen Checklisten und den verlinkten Onlinetools können Sie bequem und übersichtlich Ihren Mobilitätsbedarf und Ihre persönlichen Bedürfnisse und Wünsche erfassen und anschließend entscheiden, ob Sie Ihr Auto noch benötigen oder gleich den nächsten Gebrauchtwagenhändler aufsuchen und sich ein Angebot machen lassen.

Sie können die Schritte in Ihrem eigenen Tempo durcharbeiten. Wenn Sie am Ende noch nicht endgültig von Ihrem Auto lassen wollen, Ihre persönlichen Umstände oder die Infrastruktur in Ihrem Umfeld es vielleicht noch nicht zulassen, dann können Sie mit den vielen Anregungen und vorgestellten Alternativen Ihre individuelle Mobilität trotzdem schon deutlich nachhaltiger, gesünder, abwechslungsreicher und günstiger gestalten.

Die weltweite Corona-Pandemie hat mich mitten in der Arbeit zu diesem Buch überrascht. Daher gehe ich in einem Kapitel auch auf die Auswirkungen, die das Virus und die damit verbundenen Vorgaben auf unsere persönliche Mobilität haben, ein.

WAS BEDEUTET NACHHALTIGKEIT EIGENTLICH?

Eine nachhaltige Entwicklung ist gegeben, wenn heutige Bedürfnisse befriedigt werden und kommende Generationen darunter nicht leiden müssen. Eine nachhaltige Mobilität erfüllt unsere Mobilitätswünsche so gut wie möglich und hinterlässt gleichzeitig eine intakte Welt für unsere Kinder und Enkelkinder.

IN DREI SCHRITTEN ZUR NACHHALTIGEN MOBILITÄT – DIE VORAUSSETZUNGEN

Als wir uns entschieden haben, unser Auto zu verkaufen, war schnell klar, dass wir trotzdem für manche Fahrten ein Auto brauchen würden. Einige unserer Verwandten wohnen im ländlichen Raum und sind mit öffentlichen Verkehrsmitteln nur schwer zu erreichen. Für Ausflüge mit den damals noch vier- und sechsjährigen Kindern schien uns ein Auto flexibler als ein überfüllter Nahverkehrszug und manchmal würden wir auch noch größere Einkäufe oder Fahrten zum Wertstoffhof machen müssen.

Wir wollten also nicht von jetzt auf nachher komplett autofrei werden (und sind das auch heute noch nicht). Um für alle Fälle noch auf ein Auto zugreifen zu können, meldeten wir uns bei einem lokalen, stationären Carsharing-Anbieter an. Erledigungen im nahen Umfeld erledigten wir sowieso schon fast ausschließlich zu Fuß, mit dem öffentlichen Nahverkehr (ÖPNV) oder mit dem Fahrrad.

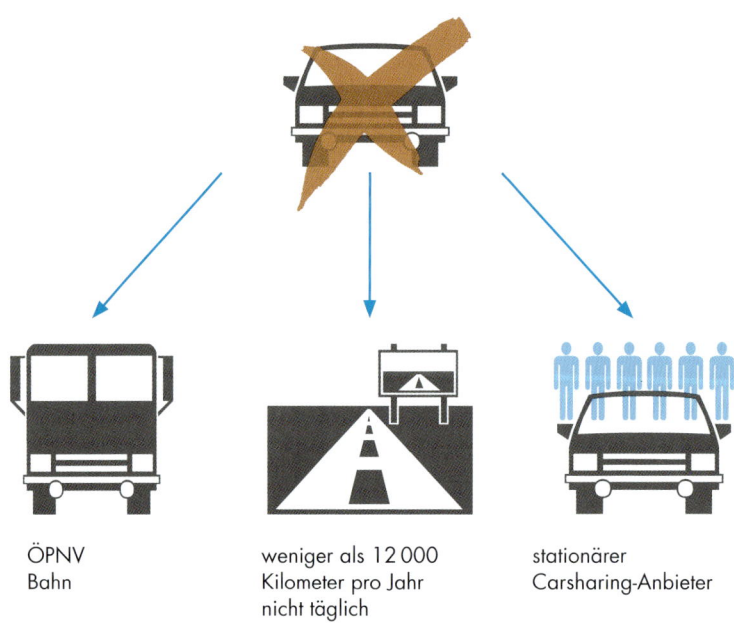

ÖPNV
Bahn

weniger als 12 000
Kilometer pro Jahr
nicht täglich

stationärer
Carsharing-Anbieter

Drei Voraussetzungen dafür, ohne Probleme auf ein eigenes Auto verzichten zu können …

Und damit sind wir auch schon bei den drei Hauptsäulen, die es Ihnen ermöglichen, auf das eigene Auto problemlos zu verzichten:

◗ **In Ihrem nahen Umfeld gibt es einen gut ausgebauten öffentlichen Nahverkehr und Bahnanbindung.**

◗ **Sie fahren nicht mehr als 12 000 Kilometer im Jahr mit Ihrem Auto und nutzen Ihr Auto nicht täglich.**

◗ **Es gibt mindestens einen stationären Carsharing-Anbieter in Ihrem Wohnort mit mindesten einer Carsharing-Station in Ihrer Nähe.**

Wenn diese Punkte alle auf Ihre Situation zutreffen, dann herzlichen Glückwunsch! Sie brauchen höchstwahrscheinlich kein eigenes Auto mehr. Treffen nicht alle Punkte zu, ist das auch nicht schlimm. Vielleicht gibt es ja andere Möglichkeiten, an der einen oder anderen Stellschraube zu drehen?

Fahren Sie bisher aus reiner Gewohnheit täglich mit dem Auto zur Arbeit und können die Fahrten genauso gut mit dem öffentlichen Nahverkehr machen? Oder besteht die Möglichkeit, eine Fahrgemeinschaft zu bilden? Sie werden in den folgenden Kapiteln zahlreiche Vorschläge und Tipps finden, wie Sie Ihre Mobilität neu gestalten und so vielleicht doch noch auf Ihr Auto verzichten können.

Grundsätzlich spricht auch nichts dagegen, auf einen Schlag komplett autofrei zu leben, und somit ist auch die Verfügbarkeit eines stationären Carsharing-Anbieters keine Notwendigkeit mehr. Aus meiner Erfahrung der zurückliegenden Jahre glaube ich aber, dass der Umstieg für die meisten Menschen wesentlich leichter fällt, wenn man als Back-up-Lösung immer noch Zugriff auf ein Auto hat.

Schritt 1:
Was kostet ein Auto?

DIE EMOTIONALEN KOSTEN

Als wir uns Ende 2013 überlegt haben, unser Auto zu verkaufen, waren wir vor allem eins: **genervt!**

Wir waren genervt von der Parkplatzsuche in unserem dicht besiedelten Wohnviertel. Genervt von den abgefahrenen Außenspiegeln und von den jährlichen Werkstattbesuchen, genervt vom Kfz-Versicherung-Vergleichen (weil es irgendwo ja immer günstiger ist) und vom Nachdenken darüber, ob wir jetzt ein neues Auto kaufen sollen, weil vielleicht bald diese oder jene Umweltplakette kommt. Und wenn ein neues Auto kaufen, dann welches? Also schon wieder genervt von Recherche und Gebrauchtwagenhändlern. Und außerdem hat es uns noch nie Spaß gemacht, zweimal im Jahr die Reifen zu wechseln. Gott, waren wir genervt!

Unser Auto machte uns schlechte Laune, stresste uns und kostete Zeit. Negative Emotionen, die wir unbewusst auch an anderer Stelle ausließen, und Zeit, die wir eigentlich mit schöneren Sachen verbringen wollten. Mit unseren Kindern spielen, ausgehen, Sport treiben, ein Buch lesen, endlich mal wieder ein Konsolenspiel komplett durchspielen oder einfach nur in die Luft gucken und an nichts Bestimmtes denken. Stattdessen kurvten wir nach jeder Autofahrt erst mal eine halbe Stunde um den Block auf der Suche nach einem freien Parkplatz.

Diese ganze Genervtheit hatte sich über mehrere Jahre aufgebaut und dann schien die Zeit reif, mal ein paar grundsätzliche Auto-Glaubenssätze zu hinterfragen. Man opfert nämlich nicht nur Freizeit für ein Auto, sondern natürlich auch Arbeitszeit. Das wird deutlich, wenn man ausrechnet, wie viele Stunden im Monat man eigentlich arbeiten muss, um den Autobesitz zu finanzieren. Die folgende Modellrechnung zeigt das anschaulich. Dabei gehe ich von einem Nettogehalt von 2 000 Euro im Monat bei einer 38-Stunden-Woche aus. Die Kosten für das eigene Auto liegen dabei monatlich bei 500 Euro, die für ein Carsharingauto bei 330 Euro. (Wie es zu den, auf den ersten Autofahrerblick, recht hoch erscheinenden 500 Euro im Monat kommt und wie sich die Carsharing-Kosten errechnen, erkläre ich im Kapitel »Die finanziellen Kosten« ausführlich.)

	Monatsgehalt	Stundenlohn	monatliche Kosten Auto	Arbeitszeit für Mobilität
eigenes Auto	2 000 €	13,50 €	500 €	37 Stunden
Carsha-ring	2 000 €	13,50 €	350 €	24 Stunden

Wie viel kostet ein eigenes Auto im Vergleich zur Nutzung von Carsharing? Eine Beispiel-Kostenaufstellung.

Für ein Carsharingauto arbeitet man monatlich schon mal ein bisschen weniger. Dadurch kann man entweder seine Arbeitszeit leicht reduzieren oder zumindest das zusätzlich frei gewordene Gehalt für schönere Dinge, die einen emotional und zeitlich nicht so stark binden, ausgeben.

Und schließlich kostet es auch Zeit, ein Auto zu fahren. Wenn man von Berlin nach Frankfurt mit dem Auto fährt, kann man nebenbei höchstens noch ein Hörbuch oder Musik hören. Und ob man sich bei dem hohen Verkehrsaufkommen auch wirklich voll auf das Gehörte konzentrieren kann, ist noch eine andere Frage. Die sechs Stunden reine Fahrzeit sind eigentlich ziemlich verschwendete Lebenszeit, während der man sich mindestens dreimal über andere Verkehrsteilnehmer aufregt. In einem Carsharingauto gilt das natürlich genauso. Aber das Gute am Alltag ohne Auto ist, dass man für jede Fahrt frei entscheiden kann, welches Verkehrsmittel man nutzt.

Fährt man dieselbe Strecke also mit der Bahn, kann man nebenbei ein Buch lesen, ein Spiel spielen, essen, auf die Toilette gehen, arbeiten, im Internet surfen (das ICE-WLAN ist mittlerweile deutlich besser als sein Ruf), schlafen, ein Buch schreiben (welches Sie gerade in der Hand halten) oder, sollte es mal doch eine Verspätung geben, sich zumindest auf Social-Media-Plattformen darüber aufregen. Versuchen Sie das alles im eigenen Auto, wenn Sie im Stau stehen: keine Chance – zumindest wenn man weiter vorschriftsgemäß die Hände am Lenkrad behält.

Mit der folgenden Pro-und-Kontra-Liste (siehe auch die Vorlage auf Seite 167) können Sie sich selbst vergegenwärtigen, wie stark Sie Ihr Auto emotional belastet. Konnten Sie unsere Genervtheit nachvollziehen und haben an manchen Stellen zustimmend mit dem Kopf genickt? Dann tragen Sie jeden einzelnen Punkt in die »Das nervt mich«-Spalte ein. Lieben Sie sportliches Fahren oder das Gefühl der Freiheit, das Ihnen Ihr Auto verspricht? Brauchen Sie Ihr Auto als ausgelagerten Teil Ihrer Wohnung, in dem Sie Gegenstände des täglichen Bedarfs lagern? Dann tragen Sie das in die Spalte »Das macht mir Spaß« ein. (Warum das Freiheitsversprechen eines Autos vielleicht nur ein Scheinversprechen ist, dazu später noch mehr). Am Ende sollten Sie eine aussagekräftige Liste haben, die Sie auf Ihrem weiteren Entscheidungsweg, Ihren Pkw zu verkaufen, unterstützt und bestärkt.

Mein Auto …	
Das macht mir Spaß	Das nervt mich

Argumente pro und kontra eigenes Auto aufzulisten und direkt nebeneinander zu sehen, kann helfen, zu einer bewussten Entscheidung für oder eben gegen ein eigenes Auto zu kommen.

Unser persönliches Fazit nach sechs Jahren

Mit unserem anfänglichen Gefühl lagen wir tatsächlich nicht falsch. Seit dem Verkauf unseres Autos haben wir einen großen Stress-Klotz weniger am Bein. Das ganze Sich-kümmern-Müssen und Sich-Sorgen um »unser« Auto ist komplett weg. Autos sind für uns jetzt nur noch eines von vielen möglichen Verkehrsmitteln. Und genauso, wie wir uns beim Einsteigen in einen Zug keine Gedanken darüber machen, ob die Bahn eine gute Unfallversicherung hat, machen wir das jetzt auch mit dem Carsharingauto, das wir mieten. Nachdem die Fahrt beendet ist, stellen wir es zurück in die Tiefgarage und danach denken wir erst wieder daran, wenn wir eine neue Fahrt planen.

DIE GESELLSCHAFTLICHEN KOSTEN

Der Blick auf die gesellschaftlichen Kosten hat sich bei mir erst in den Jahren nach dem Verkauf unseres eigenen Autos geschärft. Das ist wahrscheinlich auch nur menschlich. Solange man selbst in einer Sache drinsteckt, blendet man die Kosten, die man dadurch für die Allgemeinheit verursacht, gerne aus. Das gilt in einer globalisierten, vernetzten und komplexen Welt, in der es für den oder die Einzelne sehr schwer ist, alle Zusammenhänge zu erfassen und zu verstehen, noch viel mehr. Alle unsere Handlungen haben Auswirkungen auf unsere Umwelt, produzieren klimaschädliche Gase oder zerstören Natur: Ernährung, Kleidung, wie wir wohnen und eben auch wie wir uns fortbewegen. Im Folgenden will ich die wichtigsten Faktoren erklären, mit denen ein Auto Kosten für die Allgemeinheit verursacht.

Kohlendioxid-Emissionen (CO_2)

Kohlendioxid ist im Prinzip keine schlechte Sache. Gäbe es das Gas in unserer Atmosphäre nicht, wäre die Erde eine Eiswüste. Es sorgt dafür, dass Wärme von der Erde nicht ins Weltall entweicht. Ein ähnlicher Effekt wie in einem Treibhaus. Das Problem: Seitdem die Menschheit begonnen hat, sich zu industrialisieren, werden unter anderem durch fossile Brennstoffe riesige Zusatzmengen an Kohlendioxid in die Atmosphäre gepustet, die auf natürlichem Weg, zum Beispiel durch Bäume, nicht mehr gebunden werden können. Die Folge: Das Klima auf der Erde erwärmt sich zunehmend. Wissenschaftler beschreiben dieses Phänomen schon seit den 1960er-Jahren. Aktuell steht die globale Erwärmung wieder stark im gesellschaftlichen Fokus. Erste Auswirkungen der Erderwärmung werden sichtbar. Gletscher schmelzen ab, Unwetterkatastrophen nehmen zu und es gibt keinen Sommer ohne neuen Hitzerekord. Die Mehrheit der Wissenschaftler ist sich einig, dass diese Effekte auf den Klimawandel zurückzuführen sind und dass die Hauptursache dafür der weltweit konstant hohe Kohlendioxidausstoß ist.

TREIBHAUSGASE

Zu den sogenannten Treibhausgasen zählt man unter anderem Kohlendioxid (CO_2), Methan (CH_4) und Lachgas (N_2O). Sie entstehen in unterschiedlichen Mengen bei unterschiedlichen Prozessen. Methan wird beispielsweise in der Landwirtschaft bei der Nutztierhaltung produziert, CO_2 unter anderem vom Verbrennungsmotor eines Pkw. Um die unterschiedlichen Gase besser vergleichen zu können, haben sich Wissenschaftler auf die sogenannten CO_2-Äquivalente geeinigt. Dazu muss man wissen, dass sich nicht alle Gase gleich auf den Treibhauseffekt auswirken. Mit der Errechnung des CO_2-Äquivalents lässt sich die Wirkung des Gases auf das Klima besser vergleichen, da diese Zahl beschreibt, wie viel ein Gas zur Erderwärmung beiträgt. So kann man damit den direkten Einfluss unterschiedlicher Sektoren, wie der Landwirtschaft und des Verkehrs, auf den Klimawandel auf einer gemeinsamen Basis vergleichen. Wenn in den folgenden Statistiken allgemein von Klima- oder Treibhausgasen die Rede ist, sind immer CO_2-Äquivalente gemeint; geht es nur um CO_2-Werte, wird dies entsprechend benannt. Unter dem folgenden Link finden Sie weitere Informationsquellen:

einfachautofreileben.de/klimawandel

Deutschland will bis 2030 seinen Ausstoß an Treibhausgasen im Vergleich zum Jahr 1990 um 55 Prozent senken. Obwohl die Treibhausgasemissionen in Deutschland in der Gesamtheit in den letzten Jahren stetig gesunken sind, wird dieses Ziel höchstwahrscheinlich nicht erreicht werden.

Treibhausgasemissionen in Deutschland 1990 bis 2019 (Gesamt und Verkehr)

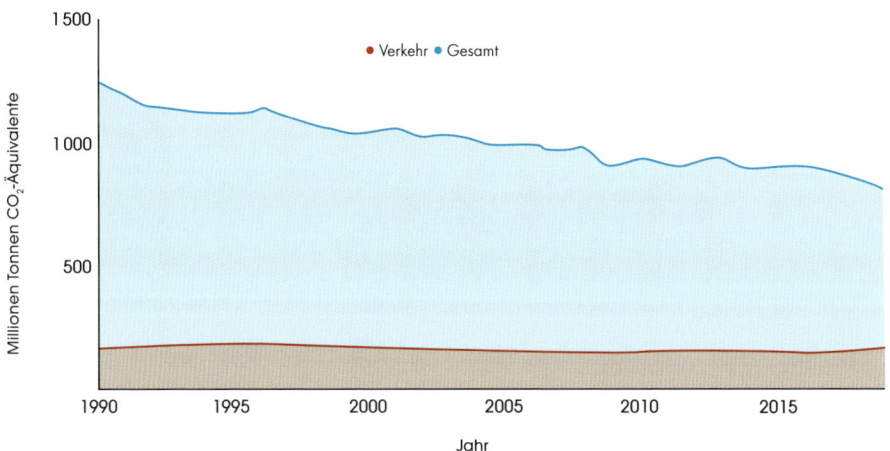

Während der gesamte Ausstoß klimaschädlicher Treibhausgase in Deutschland seit 1990 deutlich gesunken ist, ist der Anteil des Verkehrssektors daran nahezu konstant geblieben.

Der Anteil des Verkehrssektors (Flugzeuge, Autos, Bahn, ÖPNV, Fernbusse) am deutschlandweiten Treibhausgasausstoß lag 2018 laut Umweltbundesamt bei knapp 20 Prozent und war damit der drittgrößte Verursacher.

Verursacher von Treibhausgasen im Jahr 2019 in Deutschland

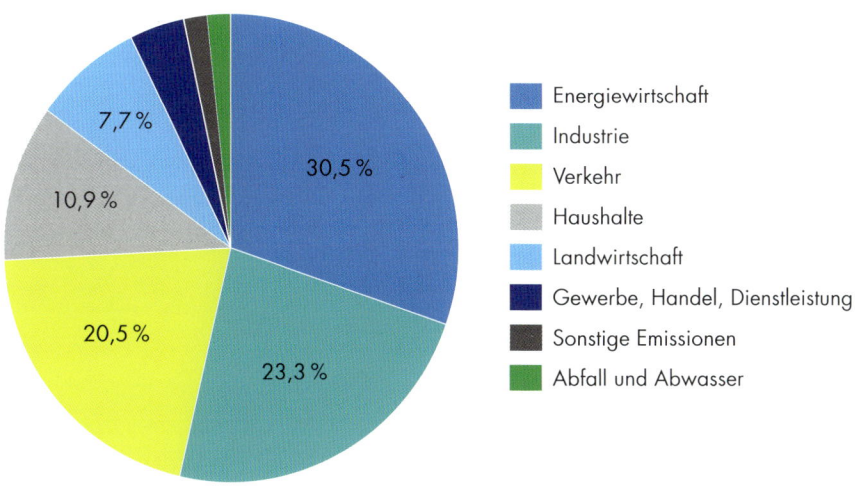

Der Verkehr bildet den drittgrößten Sektor unter den Treibhausgasverursachern.

Innerhalb des Verkehrsbereichs werden 96 Prozent der Emissionen vom Straßenverkehr verursacht und darunter stammen wiederum knapp 60 Prozent vom Pkw-Verkehr (Stand 2018). In absoluten Zahlen ist der durchschnittliche CO_2-Ausstoß von privaten Pkw in den letzten Jahren sogar leicht angestiegen.

CO_2-Emissionen der vorhandenen Personenkraftwagen in privaten Haushalten in Deutschland in den Jahren von 2005 bis 2017 (in 1000 Tonnen CO_2)

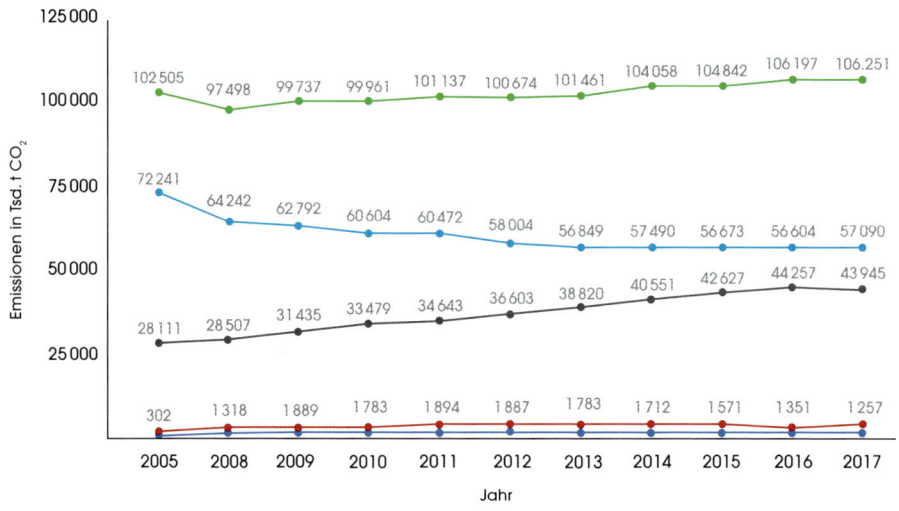

Die CO_2-Emissionen von privaten Neuwagen sind von 2005 bis 2017 insgesamt leicht angestiegen, wobei Benziner eher abgenommen haben, dafür haben Diesel und auch Biokraftstoffe sowie Flüssig- und Erdgas zugelegt.

Dieser Anstieg steht in direktem Zusammenhang mit dem durchschnittlichen CO_2-Ausstoß neu zugelassener Autos, der seit 2016 wieder deutlich ansteigt (siehe Grafik Seite 25).

Durchschnittliche CO_2-Emissionen der neu zugelassenen Pkw in Deutschland von 1998 bis 2019 (in Gramm CO_2 je Kilometer)

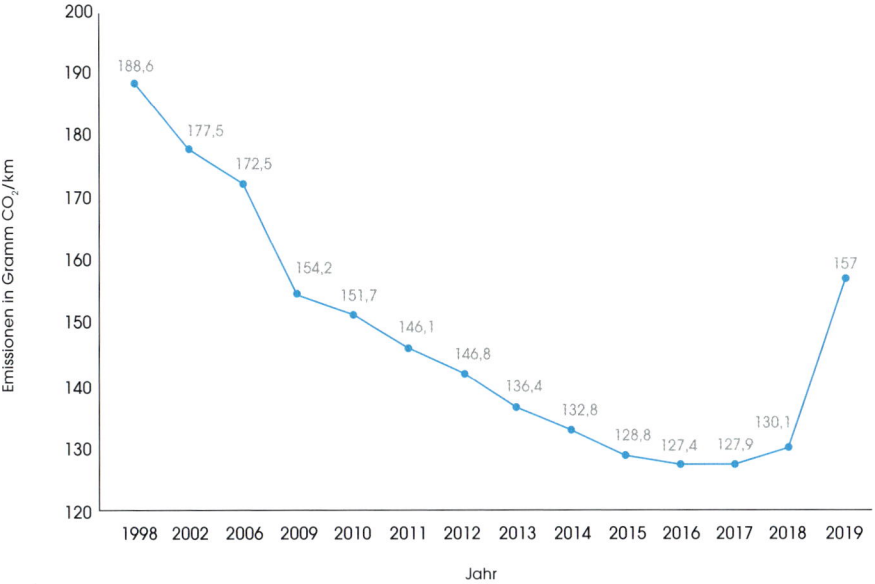

Während die CO_2-Emissionen von 1998 bis 2016 zunächst deutlich gesunken sind, steigen sie nun pro neu zugelassenem Pkw wieder deutlich an.

Der motorisierte Individualverkehr hat also in seiner Gesamtheit einen großen Anteil an der deutschen Klimabilanz. Wie aber sieht es in Ihrem eigenen persönlichen Umfeld aus? Wie setzt sich Ihre individuelle Klimabilanz zusammen? Nützt es überhaupt etwas, wenn man das eigene Auto stehen lässt und zu Fuß geht oder alternative Verkehrsmittel benutzt? Oder gibt es andere Bereiche, in denen man persönlich viel mehr Emissionen einsparen kann? Schaut man sich die persönlichen Klimagasemissionen eines durchschnittlichen Haushalts an, sieht man, dass gleich nach dem Bereich Wohnen der Verkehr den zweitgrößten Anteil hat.

Treibhausgasemissionen privater Haushalte

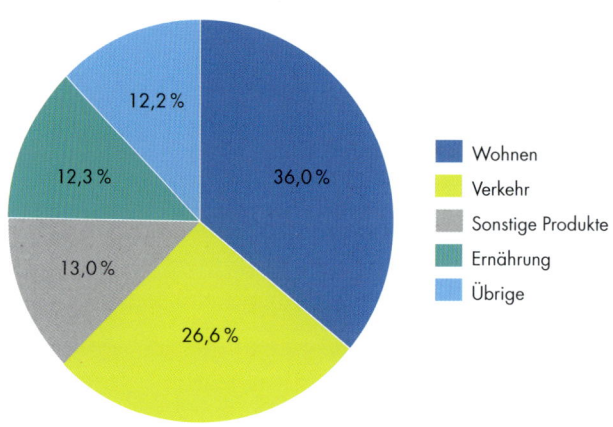

- Wohnen
- Verkehr
- Sonstige Produkte
- Ernährung
- Übrige

Nach dem Wohnen steht der Verkehr an zweiter Stelle bei den
Treibhausgasemissionen privater Haushalte.

Ein Blick auf den Treibhausgasausstoß einzelner Verkehrsmittel lohnt sich also auf jeden Fall, um auf ganz persönlicher Ebene klimafreundlicher zu leben. Das Umweltbundesamt hat berechnet, welches Verkehrsmittel die meisten schädlichen Treibhausgase produziert. Wenn Sie zum Beispiel für eine längere Fahrt statt dem Auto den Zug nutzen, verursachen Sie nur ein Viertel der Emissionen, die Sie alleine auf der Autobahn auf der Autobahn produzieren würden. Und auch im nahen Umfeld spart die Benutzung von öffentlichen Verkehrsmitteln im Vergleich zum Auto noch ungefähr die Hälfte an Klimagasen ein. Wenn Sie ein Fahrrad nutzen oder zu Fuß gehen, stoßen Sie keine zusätzlichen Emissionen aus.

Vergleich der durchschnittlichen Treibhausgasemissionen einzelner Verkehrsmittel im Personenverkehr in Deutschland (2018)

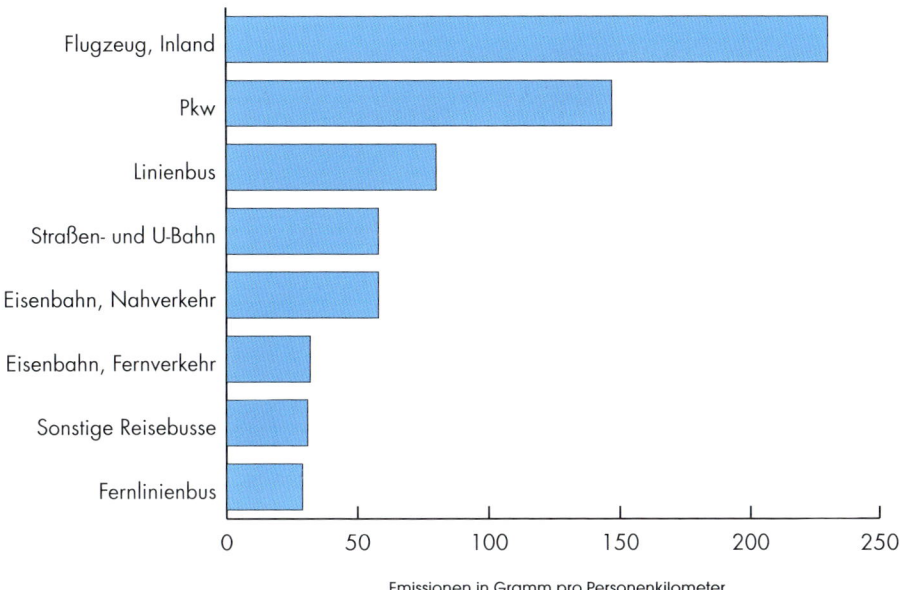

Emissionen in Gramm pro Personenkilometer

Welche Rolle welche Verkehrsmittel bei den Treibhausgasemissionen spielen, zeigt dieses Balkendiagramm sehr deutlich. Nach dem Flugzeug- folgt gleich der Autoverkehr.

Unter dem folgenden Link finden Sie Onlinetools verschiedener Anbieter, mit denen Sie Ihren ganz persönlichen Klima-Fußabdruck berechnen können:

einfachautofreileben.de/co2fussabdruck

Stickoxide und Feinstaub

Stickoxide und Feinstaub sind vor allem im städtischen Raum ein Problem. Stickoxide sind verschiedene Abgase, die zum Beispiel durch das Verbrennen von fossilen Energieträgern entstehen. Die beiden wichtigsten sind Stickstoffmonoxid (NO) und Stickstoffdioxid (NO_2). Heizungen, Müllverbrennungsanlagen und Verbrennungsmotoren stoßen Stickoxide aus. Feinstaub besteht aus Kleinstpartikeln, die nicht gleich zu Boden sinken und in der Luft bleiben. Er wird ebenfalls durch Verbrennungsprozesse, im Verkehr auch durch Abrieb von Reifen und Bremsen erzeugt. Mit dem bloßen Auge ist Feinstaub nicht zu erkennen.

Je nach Wetter tritt Feinstaub aber manchmal auch als Dunstglocke über größeren Städten auf. In städtischen Ballungsräumen zählt der Verkehr zu den größten Verursachern von Stickoxiden und Feinstaub. Die Stickoxidbelastung ist in Deutschland in den letzten Jahren glücklicherweise stark zurückgegangen. Verursacht werden diese Emissionen zu knapp 40 Prozent vom Verkehr (Stand 2017).

Das ist allerdings nur der bundesdeutsche Durchschnitt. In städtischen Ballungsräumen sieht die Bilanz anders aus. Das Umweltbundesamt schätzt, dass für die Stickoxidausstöße in deutschen Großstädten der Verkehr sogar zu knapp 60 Prozent verantwortlich ist. Die Europäische Union hat für den Gesundheitsschutz der Bevölkerung einen Höchstwert für die Stickstoffdioxidbelastung festgesetzt. Dieser Grenzwert wurde im Jahr 2016 in 90, im Jahr 2019 immerhin noch in 25 deutschen Städten überschritten.

Fast drei Viertel der Stickstoffdioxidemissionen im Straßenverkehr werden von Diesel-Pkw verursacht. Der Rest verteilt sich auf Nutzfahrzeuge und Busse. Das liegt auch daran, dass in den zurückliegenden Jahren Dieselfahrzeuge als gute Alternative zum

Verursacher von Stickoxidemissionen im Jahr 2018 in Deutschland

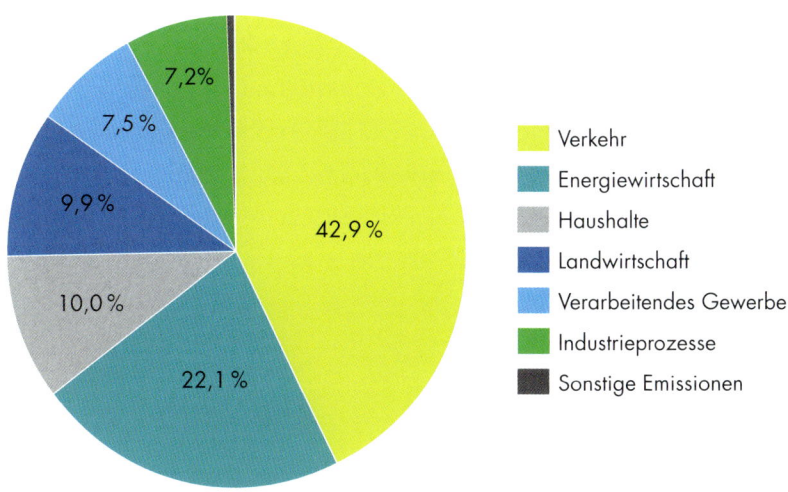

Bei den Stickstoffoxidemissionen bildet der Verkehr mit Abstand den größten Verursacher.

Benziner gesehen wurden, um den CO_2-Ausstoß zu reduzieren, da ihre CO_2-Bilanz ein bisschen besser ist. Leider wurden die erhofften Einsparungen der CO_2-Emissionen im Verkehr durch andere Effekte – wie mehr Verkehr, größere Fahrzeuge – nicht erreicht. Und gleichzeitig ging auch die Belastung durch Stickoxide, dank mittlerweile nachgewiesener Manipulationen einiger Autobauer an den Abgaswerten ihrer Dieselfahrzeuge, nicht zurück.

Beim Feinstaub ist der Verursacheranteil des Verkehrs deutschlandweit mit 13 Prozent im Jahr 2018 etwas geringer als bei den Stickstoffdioxidemissionen. Allerdings gibt es auch hier wieder einen deutlichen Unterschied zum städtischen Raum. Das Umweltbundesamt hält den Straßenverkehr in städtischen Ballungsräumen für einen der Hauptverursacher von Feinstaub, ohne aber genauere Zahlen zu nennen. Sowohl Stickoxide als auch Feinstaub werden von Experten als gesundheitsschädigend eingestuft. Sie können zu Erkrankungen der Atemwege führen und werden auch für Herz-Kreislauf-Erkrankungen sowie eine höhere Sterblichkeitsrate verantwortlich gemacht.

Verursacher von Feinstaub im Jahr 2018 in Deutschland

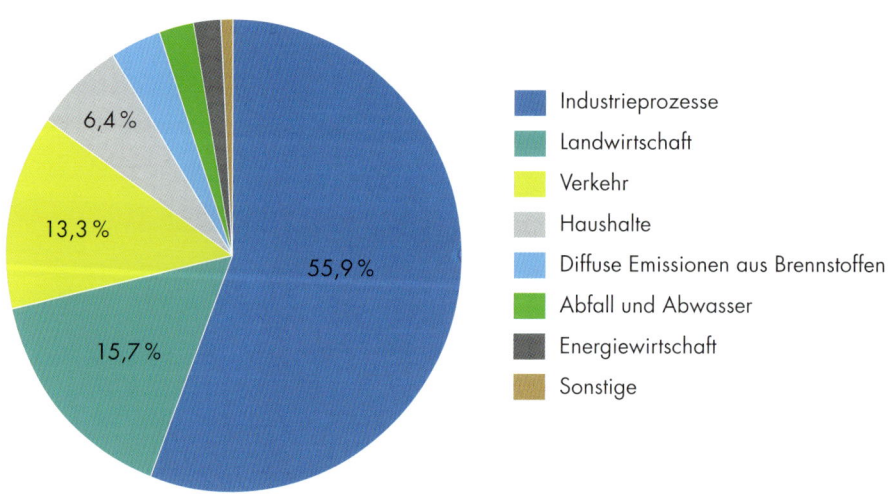

Beim Feinstaub spielt der Autoverkehr nicht die größte Rolle, nimmt aber einen beträchtlichen Teil ein.

Lärm

Laut einer Studie der Europäischen Umweltagentur (EEA) ist in deutschen Städten jeder vierte bis fünfte Einwohner regelmäßig Straßenlärm über 55 Dezibel ausgesetzt, das entspricht der Lautstärke eines normalen Gesprächs.[1] Ab dieser Grenze wird Lärm als gesundheitsschädlich eingestuft und für Herzkrankheiten und Schlafstörungen mitverantwortlich gemacht. In einer repräsentativen Umfrage fühlten sich im Jahr 2018 drei Viertel aller Deutschen von Straßenlärm belästigt.

Belästigung durch einzelne Lärmquellen (2018)

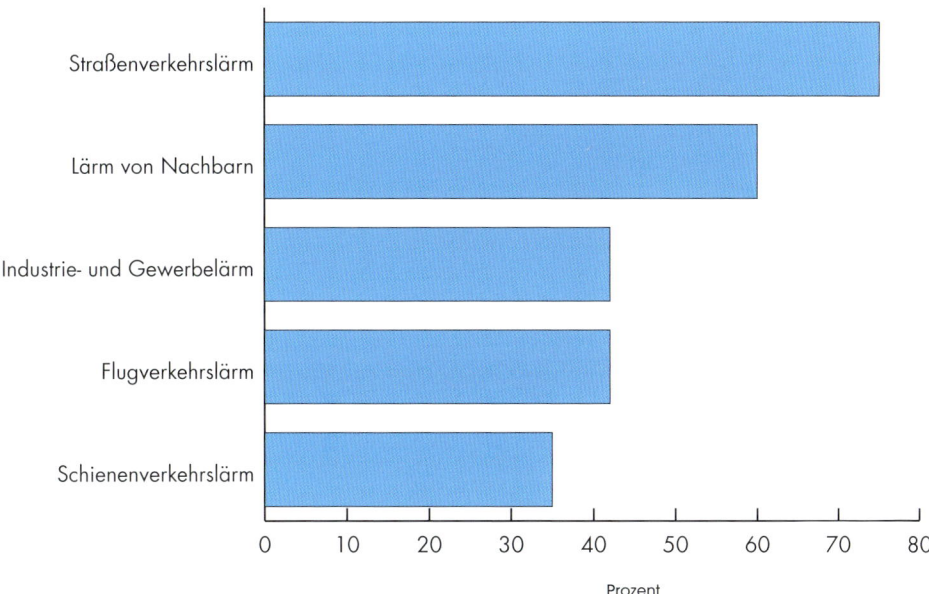

Quellen für Lärmbelästigung im täglichen Leben laut einer Umfrage

Die meisten Verkehrsmittel produzieren Lärm, und wer direkt neben einer Eisenbahntrasse oder in einer Einflugschneise wohnt, braucht auch gute Nerven. Aber anders als bei Zügen ist die Lärmbelästigung beim Straßenverkehr deutlich großflächiger und betrifft viel mehr Menschen. Die meisten fühlen sich daher im direkten Vergleich der Verkehrsmittel vom Straßenverkehr am stärksten beeinträchtigt.

Diesen Lärm könnte man verringern, indem die Autos leiser werden. Die durchschnittliche Fahrgeräuschlautstärke der zugelassenen Autos in Deutschland liegt aber in den letzten Jahren recht konstant bei 70 Dezibel und gleichzeitig steigt die Anzahl neu zugelassener Pkw Jahr für Jahr. Mehr Diesel- und Benzin-Pkw verursachen also immer mehr Verkehrslärm. Und da bei einer Geschwindigkeit von über 30 Kilometern in der Stunde die Reifengeräusche der Hauptverursacher von Lärm sind, werden auch E-Autos in Zukunft keine Besserung bringen. Ganz im Gegenteil: Damit langsam fahrende E-Autos von Fußgängern besser wahrgenommen werden können, müssen diese mittlerweile auf technischem Weg künstlich den gewohnten Verkehrslärm erzeugen.

Unfälle

Die Anzahl der im Straßenverkehr Getöteten ist in Deutschland seit den 1990er-Jahren zum Glück stark zurückgegangen, stagniert aber seit ein paar Jahren auf immer noch zu hohem Niveau. Bei der Ursache für schwere oder tödliche Verkehrsunfälle fristet der motorisierte Straßenverkehr ein trauriges Spitzenreiterdasein. Verkehrsunfälle sind Alltag in Deutschland. Und meistens ist daran ein Auto beteiligt. Mit fast 70 Prozent war der Pkw im Jahr 2018 der Hauptverursacher von Unfällen mit Personenschaden.

Anzahl der Verkehrstoten in Deutschland von 1991 bis 2019

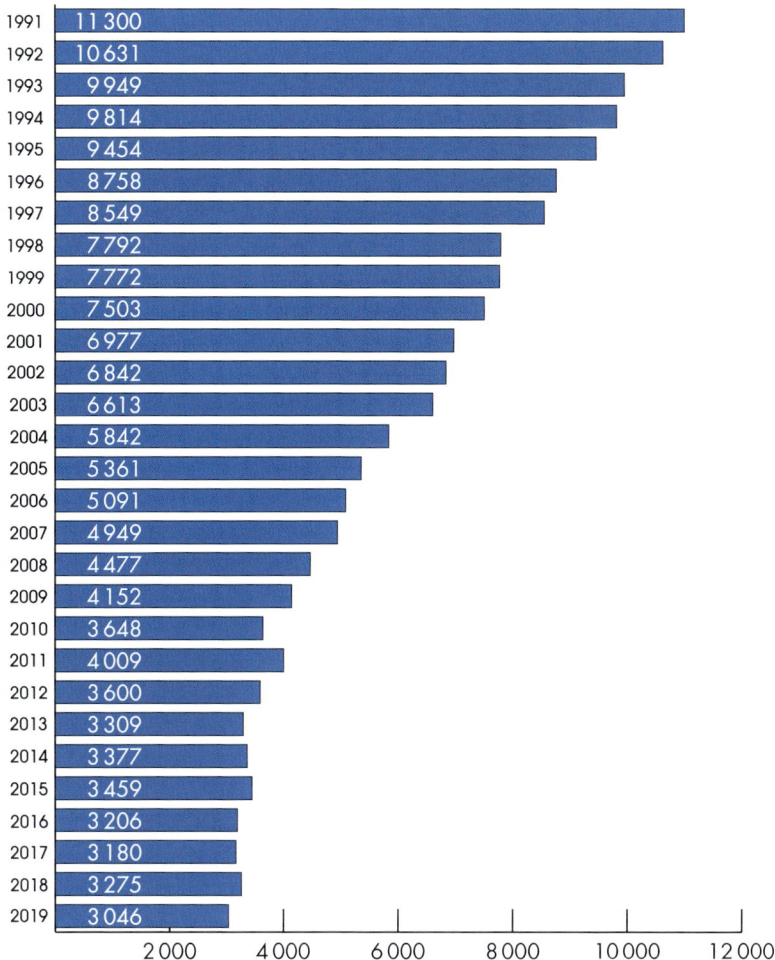

Im Vergleich zu 1991 gibt es zwar deutlich weniger Menschen, die im Straßenverkehr zu Tode gekommen sind, dennoch waren es 2019 noch über 3 000 Personen.

Hauptverursacher von Unfällen mit Personenschäden in Deutschland 2019

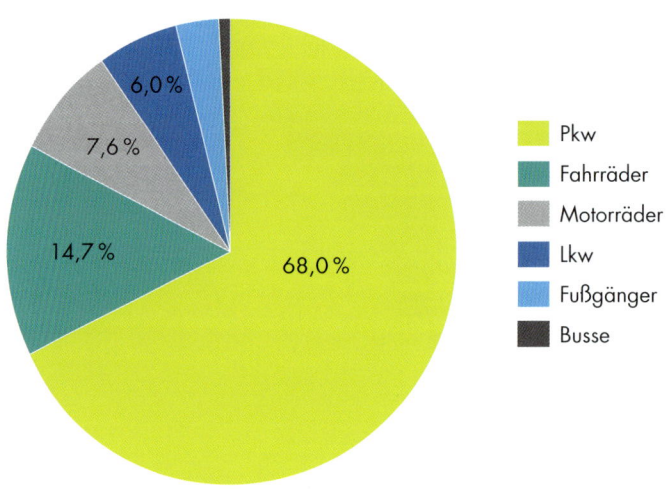

- ■ Pkw
- ■ Fahrräder
- ■ Motorräder
- ■ Lkw
- ■ Fußgänger
- ■ Busse

6,0 %
7,6 %
14,7 %
68,0 %

Fast drei Viertel der Unfälle mit Personenschäden werden von Pkw verursacht.

Im direkten Vergleich mit Schienen- und Flugverkehr schneidet der Straßenverkehr eindeutig am gefährlichsten ab. Im Straßenverkehr wurden 2017 über 60 000 Menschen schwer verletzt und mehr als 3 000 Menschen getötet. Im Schienen- und Flugverkehr sind diese Zahlen im niedrigen zweistelligen Bereich.

Wer die Bahn (oder das Flugzeug) benutzt, hat also eine wesentlich geringere Wahrscheinlichkeit, Opfer eines sehr schweren oder gar tödlichen Unfalls zu werden.

Getötete nach Art der Verkehrsbeteiligung in Deutschland 2019

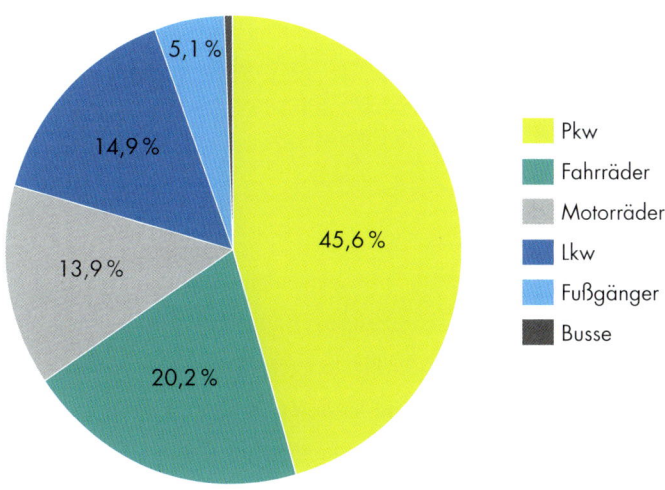

▮	Pkw
▮	Fahrräder
▮	Motorräder
▮	Lkw
▮	Fußgänger
▮	Busse

Der Hauptteil der im Straßenverkehr getöteten Menschen fällt auf Pkw- und Fahrradfahrer.

Gesundheit

Schadstoffemissionen und Verkehrsunfälle belasten also direkt die Gesundheit aller Verkehrsbeteiligten – sowohl der aktiven als auch der passiven. Wer an einer viel befahrenen Straße wohnt, leidet unter der hohen Luftverschmutzung und dem Lärm. Besonders betroffen davon sind Kleinkinder, ältere Personen und bereits mit Krankheiten Vorbelastete wie zum Beispiel Asthmatiker*innen. Dazu kommt, dass an viel befahrenen Straßen häufig Menschen mit geringerem Einkommen wohnen, weil dort die Mieten niedriger sind. Die Bevölkerungsgruppe, die sich also häufig am wenigsten Autos leisten kann, ist vom städtischen Straßenverkehr überproportional stark betroffen.

Fläche

5 Prozent der gesamten Fläche Deutschlands wird für Verkehr genutzt. Von diesen 5 Prozent fällt der Hauptanteil auf Straßen und dort genauer auf Straßen, die innerorts verlaufen. Autobahnen verbrauchen beispielsweise nur 0,16 Prozent der gesamtdeutschen Fläche.

Der Platzbedarf von überregionalen Straßen wie Bundesstraßen oder Autobahnen ist also anteilig an der Gesamtfläche Deutschlands vergleichsweise gering. Zoomt man hinein in den Bereich, in dem die Menschen auf engem Raum zusammenleben, also Städte und Ortschaften, stellt sich die Frage der Flächengerechtigkeit. In vielen deutschen Städten wird Raum immer knapper. Eine Stadtgesellschaft braucht Platz für Wohnen, Erholung, Geschäfte und Verkehr. Es gibt keine offiziellen Statistiken, wie die Verkehrsflächen in deutschen Städten verteilt sind, aber die *Agentur für clevere Städte* hat in der Studie »Wem gehört die Stadt?« für Berlin ermittelt, dass dort 58 Prozent der Verkehrsfläche für Autos und nur 3 Prozent für Radfahrer zur Verfügung stehen.[2]

Autos brauchen dabei nicht nur Platz zum Fahren, sondern auch zum Parken. Ein durchschnittlicher Autoparkplatz ist 10 Quadratmeter groß. In den meisten Städten muss man für eine Parkraumlizenz maximal 30 Euro bezahlen. Im Jahr. Monatlich kostet ein Parkplatz also 2,50 Euro. Für ein 10 Quadratmeter-WG-Zimmer müsste man in vielen deutschen Großstädten im Monat ab 150 Euro rechnen. Natürlich hinkt der Vergleich ein bisschen, weil einem der Parkplatz mit der Parkscheinberechtigung nicht immer zur Verfügung steht. Aber ein Nachdenken darüber, warum wir öffentlichen Parkraum in Städten so vergleichsweise günstig zur Verfügung stellen, kann er trotzdem anregen. Vor allem, weil noch hinzukommt, dass ein Auto im Durchschnitt nur eine Stunde am Tag genutzt wird. Das bedeutet: Die restlichen 23 Stunden des Tages steht der private Pkw ungenutzt auf einem Parkplatz und verbraucht mindestens

10 Quadratmeter Platz, der an anderer Stelle dringend fehlt – für sichere Fuß- und Radwege, Fahrradparkplätze, Wohnungen oder Grünflächen. Auf einen Autoparkplatz
passen zum Beispiel zehn Fahrräder oder ein Baum. Die Stadt Münster hat schon im
Jahr 1990 mit der Aktion »Nur mal nachdenken« gezeigt, wie viel Platz es braucht, um
72 Menschen in der Stadt zu befördern. Die Autos benötigen dort 900 Quadratmeter,
Bus und Fahrräder knapp 36 Quadratmeter.

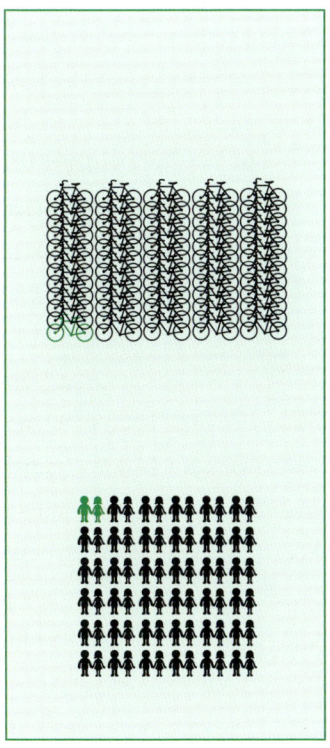 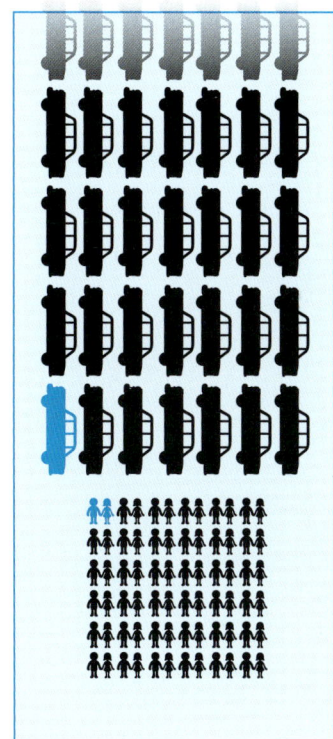 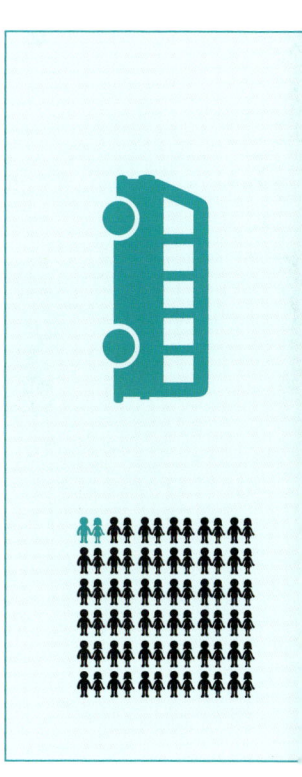

Diese Illustrationen zeigen, wie viel Platz Autos im Vergleich zu Fahrrädern und dem ÖPNV brauchen.

Externe Gesamtkosten

Egal, ob man mit der Bahn, dem Bus oder einem Auto fährt – jedes Verkehrsmittel kostet Geld. Die offensichtlichsten Kosten sind dabei die sogenannten internen Kosten. Das sind beispielsweise Benzin, Kfz-Steuer oder das Bahnticket (diese werden wir im nächsten Kapitel auch noch ausführlich berechnen). Die **internen Kosten** werden vom jeweiligen Verursacher beglichen. Daneben gibt es aber auch noch die **externen Kosten.** Das sind Kosten, die ebenfalls durch ein Verkehrsmittel verursacht werden, aber nicht direkt vom Verursacher bezahlt werden.

Externe Verkehrskosten im Personenverkehr 2017 nach Verursachern

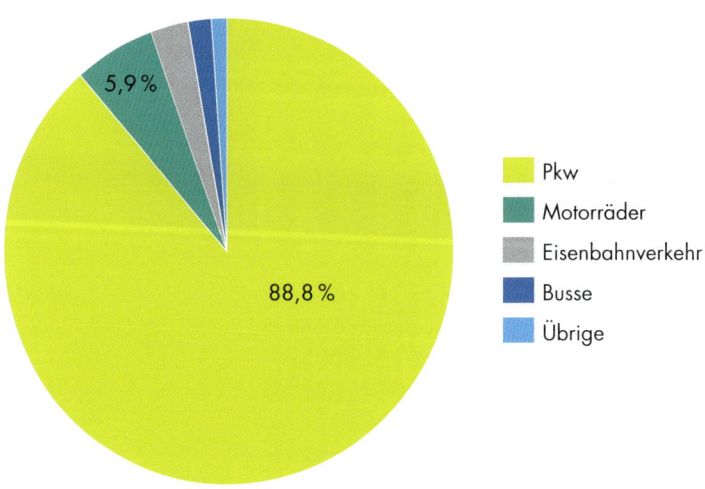

Der Autoverkehr zieht die meisten Folgekosten nach sich.

Luftverschmutzung, Klimawandel, Lärm, Flächenverbrauch und Unfälle führen zu Folgekosten, die von der Allgemeinheit (und nicht dem direkten Verursacher) bezahlt werden. Leider sieht man diese Kosten nicht so transparent wie zum Beispiel den Spritpreis auf der letzten Tankquittung oder den Preis für das Bahnticket. Deshalb hat die Allianz pro Schiene e.V. in einer großen Studie für das Jahr 2017 diese Kosten berechnet. Die externen Kosten für alle Verkehrsmittel in Deutschland lagen danach im Jahr 2017 bei insgesamt 149 Milliarden Euro. Laut der Studie werden 94 Prozent der externen Verkehrskosten vom Straßenverkehr verursacht. Lässt man den Güterverkehr weg, bleiben 116 Milliarden Euro für den Personentransport, und dort ist der Pkw mit fast 90 Prozent der mit Abstand größte Kostenverursacher. Über 100 Milliarden Euro an Folgekosten muss die Gesellschaft für den individuellen Pkw-Verkehr aufbringen.

Unser persönliches Fazit nach sechs Jahren

Wir fahren immer noch Auto und zweimal sind wir in den letzten sechs Jahren auch noch in den Urlaub geflogen. Ein Carsharingauto stößt natürlich erst mal genauso viel CO_2, Stickoxide und Lärm aus wie ein vergleichbares eigenes Auto. Wir haben jetzt aber die Möglichkeit, uns ein Auto je nach Bedarf auszusuchen. Für einen kürzeren Ausflug oder eine längere Fahrt, bei der wir nicht so viel transportieren müssen, reicht uns meistens auch ein Kleinwagen, der weniger Umweltgifte ausstößt (und dazu noch billiger ist). Früher mussten wir für jede Fahrt unseren Familienkombi nehmen, weil er ja schon da war und deshalb auch genutzt werden wollte. Außerdem wird die Fahrzeugflotte unseres Carsharing-Anbieters regelmäßig erneuert. Das heißt, wir haben wesentlich schneller umweltfreundlichere Autos zur Verfügung als mit einem privaten Pkw, den man meistens so lange fährt, bis er auseinanderfällt. Zwei unserer regelmäßig genutzten Carsharingautos sind beispielsweise moderne Hybridfahrzeuge mit weniger Schadstoffausstoß.

Insgesamt hat sich unser Blick auf Mobilität grundsätzlich verändert. Das Carsharingauto ist nur noch eine Mobilitätsoption von vielen und wir denken bei jeder Fahrt neu darüber nach, welches Verkehrsmittel wir wählen sollen. In der Stadt sind wir nur noch zu Fuß, mit »den Öffentlichen« oder dem Rad unterwegs. Das Auto kommt nur noch auf längeren Strecken ab 100 Kilometern zum Einsatz. Und auch dort hat sich in den letzten sechs Jahren die Nutzung des Autos deutlich zugunsten der umweltfreundlichen Bahn reduziert. In unserem ersten autofreien Jahr sind wir noch drei Viertel aller gefahrenen Strecken mit dem Carsharingauto gefahren. 2019 haben wir zum ersten Mal mehr Strecke mit der Bahn zurückgelegt als mit dem Auto. Und der Bewusstseinswandel geht mittlerweile so weit, dass wir die Urlaubsreisen, die wir in den letzten Jahren mit Flugzeug und Auto unternommen haben, in der Zukunft mit der Bahn planen und bei manchen Urlaubsfahrten sogar grundsätzlich hinterfragen, ob es wirklich so weit weg gehen muss oder ob eine Radtour an der Nordsee nicht auch schön ist (Spoiler: ist sie, dazu mehr im Kapitel »Urlaub und Ausflüge« ab Seite 126 sowie im Kapitel »Planung einer Fahrradtour« ab Seite 129).

Mit dem CO_2-Rechner des Umweltbundesamtes kann man seinen persönlichen CO_2-Fußabdruck berechnen. Ich habe dort zunächst meinen Ist-Stand aus dem Jahr 2013 angegeben, als wir noch alle Strecken mit dem eigenen Auto gefahren sind. Danach habe ich für das persönliche »CO_2-Szenario« die aktuellsten Daten unserer Mobilitätsstatistik aus dem Jahr 2019 eingegeben, als wir also mehr als die Hälfte unserer Strecken mit der Bahn und den Rest mit Carsharingautos zurückgelegt haben. Zusätzlich berücksichtigt der Rechner auch noch meine veränderte Einstellung zu Mobilitäts- und Umweltthemen und meine Absicht, Flugreisen so weit wie möglich zu reduzieren. Im Jahr 2013 produzierte ich (der Rechner berechnet die Bilanz pro Person) mit unserem eigenen Familienkombi noch **2,74 Tonnen CO_2**, im Jahr 2019 verursachte meine gesamte Mobilität nur noch **1,05 Tonnen CO_2**. Damit Deutschland im Jahr 2050, wie von der Bundesregierung geplant, klimaneutral sein kann, müssen die CO_2-

Emissionen um 95 Prozent gesenkt werden. Das bedeutet: Jeder Bürger darf dann nur noch 1 Tonne CO_2 verursachen. Aktuell sind es durchschnittlich noch 11,6 Tonnen CO_2. Auf dem Weg dorthin sieht meine persönliche Kurve schon mal ganz gut aus. Durch die Senkung meiner Emissionen für Mobilität kann ich mich in den nächsten Jahren auf die anderen Bereiche wie Konsum oder Ernährung konzentrieren.

CO_2-Bilanz (Szenario)

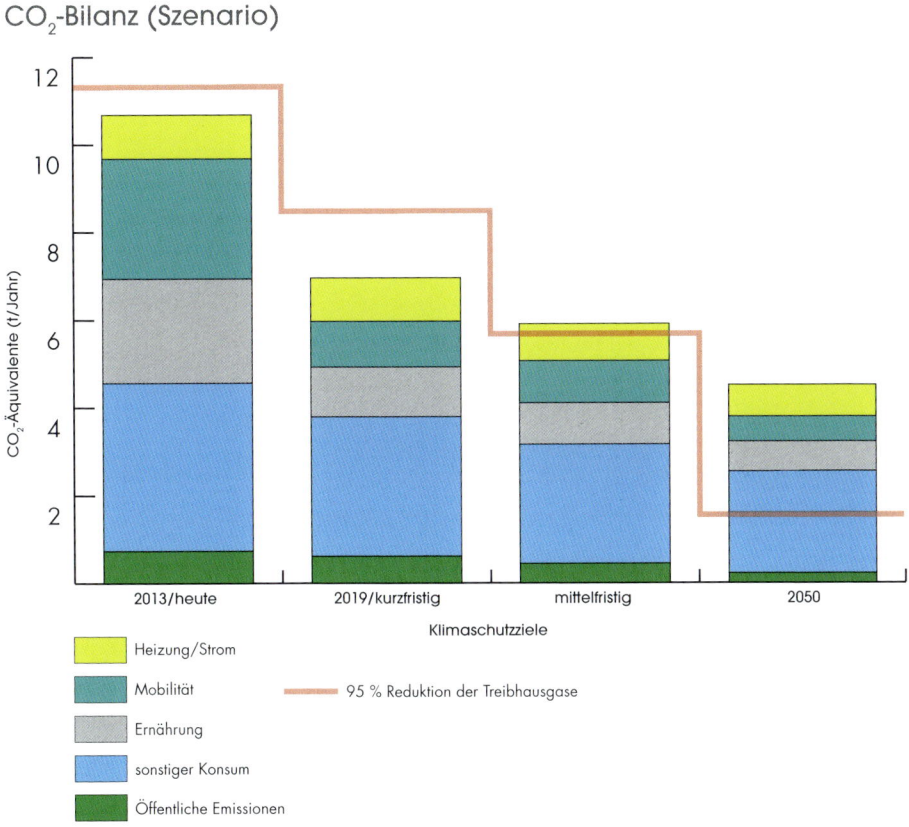

Meine persönliche CO_2-Bilanz, erstellt mit einem Online-CO_2-Rechner.

Insgesamt hat unsere Mobilität weniger Schadstoffe, Lärm und Kosten für die Allgemeinheit erzeugt als die Jahre zuvor mit eigenem Pkw. Und auch bezüglich des hohen Platzverbrauchs in Städten hat unser Abschied vom eigenen Auto sofortige Auswirkungen. Verschiedene Studien gehen davon aus, dass ein Carsharingauto bis zu zehn private Pkw ersetzt. Wir teilen uns ein Auto mit zehn anderen Menschen in unserem Stadtviertel und sparen dadurch Platz, den ansonsten unsere eigenen Autos beanspruchen würden. Und durch die zunehmende Nutzung der Bahn haben wir auch unser persönliches Unfallrisiko und das der anderen Verkehrsteilnehmer deutlich gesenkt, denn sicherer als in der Bahn ist es in keinem Auto der Welt.

Neben dem Bereich Wohnen ist das eigene Auto einer der größten Hebel, um die persönliche Umweltbilanz deutlich zu verbessern. Das gilt sowohl für das globale Ganze als auch für das lokale Kleine. Wenn Sie Ihren CO_2-Ausstoß reduzieren, tragen Sie zur Abschwächung der globalen Klimaerwärmung bei; wenn Sie in Ihrem Stadtviertel weniger Platz verbrauchen und weniger Schadstoffe ausstoßen, machen Sie Ihr ganz persönliches Wohnumfeld zu einem lebenswerteren und sichereren Ort.

Das klingt im Prinzip gut. Sie sind auch manchmal genervt von Ihrem Auto und wollen sich aktiver für Umwelt- und Klimaschutz engagieren? Aber Sie fragen sich jetzt sicher, zu Recht, was so eine Umstellung der persönlichen Mobilität kostet. Und ob Sie sich das überhaupt leisten können. Ist Umweltschutz nicht immer erst mal teurer, als es bisher war? Im nächsten Kapitel betrachten wir die privaten Kosten für ein eigenes Auto genauer und vergleichen diese am Ende mit einem vielfältigeren Mobilitätsmix.

DIE PRIVATEN KOSTEN

Wahrscheinlich denken Sie bei den Kosten für Ihr Auto erst mal an den aktuellen Benzinpreis, vielleicht noch die jährliche Kfz-Steuer oder den letzten Werkstattbesuch. So ging es uns früher zumindest. Ein Auto zu besitzen, kostet aber viel mehr als Spritgeld. So richtig bewusst wurde uns das aber auch erst, als wir uns intensiver mit dem Thema beschäftigten und am Ende unter dem Strich eine Zahl sahen, die wir uns so nie hätten vorstellen können. Die finanziellen Kosten, die ein eigenes Auto verursacht, gliedern sich in zwei große Blöcke:

◗ **die kilometerabhängigen Kosten und**

◗ **die laufenden Fixkosten.**

Wenn man genau ist, beeinflussen die gefahrenen Kilometer auch noch einen Teil der Fixkosten. Jemand, der viel fährt, hat wahrscheinlich höhere Werkstattkosten. Um die Berechnung einfacher zu machen, will ich das im Folgenden aber vernachlässigen.

Idealerweise berechnen Sie die folgenden Kostenfaktoren auf ein ganzes Jahr. Dadurch erhalten Sie den realistischsten Blick auf Ihre Ausgaben.

Wie viel fahren Sie und wohin?

Um die kilometerbasierten Kosten zu berechnen, müssen Sie zunächst wissen, wie viel und wohin Sie mit Ihrem Auto fahren.

Ihre Fahrtkategorien

Damit Sie Ihr Mobilitätsverhalten schätzen können, empfehle ich Ihnen, Kategorien zu bilden. Als wir mit unserer Analyse begonnen haben, haben wir überlegt, für welche Arten von Fahrten wir normalerweise unser Auto benutzen. Wir kamen auf folgende Kategorien:

◗ **Tagesausflüge**
Wir wohnen in München, und da sind die Berge nicht weit. Am Wochenende fahren wir gerne zum Wandern. Ein Ausflug dauert dann bis zu **zwölf Stunden** und die Strecke mit Hin- und Rückfahrt liegt bei durchschnittlich **150 Kilometern.**

◗ **Wochenendfahrten**
Über das Wochenende besuchen wir oft unsere Familien oder Freunde in anderen Städten oder Dörfern. So eine Fahrt geht dann meistens am Freitagnachmittag los und Sonntagabend sind wir wieder zurück. Wir brauchen also **zweieinhalb Tage** und haben dann knapp **600 Kilometer** zurückgelegt.

◗ **Kleinere Fahrten**
Das sind Fahrten bis maximal **20 Kilometer,** die innerhalb von **zwei bis drei Stunden** im näheren Wohnumfeld stattfinden. Am Samstag zum Wertstoffhof oder zum bekannten schwedischen Möbelhaus, unter der Woche die Kinder zum Sport bringen und den Wocheneinkauf erledigen.

◗ **Urlaub**
Einmal im Jahr fahren wir für **zwei Wochen** in den Urlaub. Je nach Reiseziel können dabei **1 500 Kilometer** anfallen.

Für unsere Bedürfnisse waren diese Kategorien ausreichend. Sie können natürlich gerne noch eigene Kategorien nach Ihren Wünschen beziehungsweise Ihrer Nutzungserfahrung hinzufügen oder die vorgeschlagenen abändern. Wenn Sie zum Beispiel regelmäßig mit dem Auto zur Arbeit fahren, dann ist das selbstverständlich eine eigene Kategorie. Wichtig ist, dass es nicht wesentlich mehr werden, sonst wird die Auswertung unnötig kompliziert. Jetzt sind Sie gut vorbereitet, um Ihre Fahrten zu erfassen. Dafür gibt es zwei Möglichkeiten. Eine schnelle und eine etwas aufwendigere Methode.

Der aufwendige Weg: Das Fahrtenbuch

Sie wollen es ganz genau wissen? Dann führen Sie ein Fahrtenbuch. Wenn Sie Ihren Wagen beruflich nutzen, machen Sie das für Ihre Steuererklärung vielleicht sowieso schon. Falls nicht: Keine Sorge, das ist gar nicht so schwer, wie es klingt. Es gibt mittlerweile einige technische Hilfsmittel, die das Erfassen der Daten erleichtern, und für private Zwecke muss es auch nicht so detailliert sein wie für das Finanzamt.

Es reicht eine einfache Liste auf Papier oder, was ich empfehle, in einem Tabellenprogramm wie zum Beispiel Excel oder OpenOffice. Die elektronische Erfassung hat den Vorteil, dass sich die Daten einfacher auswerten und zusammenfassen lassen. In der Tabelle sollten Sie folgende Spalten anlegen:

▶ Datum

▶ Kilometerstand Fahrtbeginn

▶ Kilometerstand Fahrtende

❱ **Gefahrene Kilometer**

Der Wert errechnet sich aus der Differenz zwischen dem Kilometerstand am Fahrtende und dem Kilometerstand zu Fahrtbeginn.

❱ **Art der Fahrt**

Tragen Sie hier die im vorangegangenen Kapitel definierte Fahrtkategorie ein.

❱ **Anmerkungen**

Wenn Sie wollen, können Sie hier noch weitere Details zur Fahrt vermerken, zum Beispiel in welche Stadt Sie gefahren sind oder wen Sie besucht haben.

Unter dem folgenden Link finden Sie eine Fahrtenbuchvorlage für gängige Tabellenkalkulationen: einfachautofreileben.de/fahrtenbuch. Jedes Mal, wenn Sie Ihr Auto genutzt haben, legen Sie eine neue Zeile in der Tabelle an. Bis auf die Spalte mit den Anmerkungen sollten Sie immer alles ausfüllen. Wenn Sie es nicht so eilig haben, dann pflegen Sie das Fahrtenbuch ein ganzes Jahr lang. Danach hat man einen sehr realistischen Überblick über das eigene Mobilitätsverhalten. Wenn es schneller gehen soll, dann führen Sie die Liste für ein oder zwei Monate und rechnen Sie die Fahrten auf ein ganzes Jahr hoch.

TIPP

Es gibt zahlreiche Smartphone-Apps, die das Führen eines Fahrtenbuches komfortabler machen. Außerdem gibt es auch externe Geräte, die man fest im Auto installiert und die die Fahrten halbautomatisiert mitprotokollieren. Eine Liste mit Anbietern finden Sie hier: einfachautofreileben.de/fahrtenbuch.

Der schnellere Weg: Die Schätzung

Sie wollen schneller zum Ziel kommen und haben keine Lust, Ihr Fahrtenbuch ein ganzes Jahr lang zu pflegen? Genau so ging es uns auch. Wir haben uns stattdessen hingesetzt und, nachdem wir unsere persönlichen Kategorien definiert hatten, einfach geschätzt. Sehr hilfreich war dabei unser Familienkalender, dort stehen die meisten Verwandtschaftsbesuche, Urlaube und Ausflüge drin. Und so hatten wir ziemlich schnell eine einfache Übersicht über den jährlichen Mobilitätsbedarf unserer Familie. Das sah dann so aus:

Fahrtart	Strecke in Kilometern	Wie oft	Gesamtkilometer
Ausflug	150	10	1 500
Wochenendfahrt	600	12	7 200
Urlaub	1 500	1	1 500
Sonstige	20	12	240
Kilometer im Jahr			10 440

Unsere Aufstellung, wie viele Kilometer wir für welche Fahrtkategorie in einem Jahr zurückgelegt haben.

Versuchen Sie nun die Liste (siehe die Vorlage auf Seite 168) für sich selbst zu erstellen. Halten Sie dabei die Anzahl der Fahrtkategorien so gering wie möglich, fassen Sie lieber mehr zu allgemeineren Gruppen zusammen. Bei der Kilometerzahl jedes Fahrtentyps geben Sie einen großzügigen Maximalwert an, auch wenn Sie schon wissen, dass nicht alle Fahrten der jeweiligen Kategorie so lang sein werden.

Wenn Sie in Ihrer Liste alles ausgefüllt haben, steht jetzt unter dem Strich die Gesamtkilometerzahl, die Sie jährlich mit Ihrem Auto fahren.

TIPP

Sie fühlen sich noch unsicher, ob Sie wirklich an alles gedacht haben? Ich kann Sie aus unserer persönlichen Erfahrung beruhigen. Im Nachhinein hat sich herausgestellt, dass unsere anfängliche Schätzung ziemlich genau war und wir am Ende des ersten Jahres ohne eigenes Auto fast eine Punktlandung auf die zuvor geschätzten Kilometer gemacht haben.

Die variablen Kosten

Nachdem Sie jetzt Ihre jährlichen Gesamtkilometer kennen, können Sie daraus schon mal die Benzinkosten berechnen. Dazu braucht man den durchschnittlichen Verbrauch des Autos auf 100 Kilometer. Bei vielen modernen Fahrzeugen wird dieser Wert automatisch über den Bordcomputer erfasst. Bei älteren Modellen kann man entweder den Angaben des Herstellers vertrauen oder den Wert selbst berechnen.

Dazu notiert man sich beim nächsten Tankstellenbesuch den aktuellen Kilometerstand und tankt dann voll. Beim nächsten Mal Tanken notiert man die getankte Spritmenge und berechnet, wie viele Kilometer man seit dem letzten Volltanken zurückgelegt hat. Der Verbrauch des Wagens berechnet sich dann mit folgender Formel:

▶ **Benzinmenge × 100 : Distanz**

Nun benötigt man noch den durchschnittlichen Benzinpreis des vergangenen Jahres. Sie wissen jetzt, wie viele Kilometer Sie im Jahr fahren und wie viel Sprit Ihr Auto auf 100 Kilometer verbraucht. Mit den beiden Werten können Sie mit der folgenden Formel Ihre jährlichen Benzinkosten berechnen:

▶ **(Jahresdistanz : 100) × (Benzinpreis × Verbrauch)**

Als wir diese Rechnung für unser Familienauto, einen Škoda Octavia Combi (Diesel), durchgeführt haben, sah das so aus:

Verbrauch auf 100 Kilometer		Jahresdistanz : 100		Gesamt-verbrauch		Benzin-preis		Gesamt-kosten
7 l	×	104	=	728 l	×	1,42 €	=	1 033 €

Beispiel für die Aufstellung der Benzinkosten pro Jahr.

Bei dem Verbrauchswert von 7 Litern pro 100 Kilometer haben wir uns damals übrigens nicht auf die Angaben des Herstellers verlassen und lieber selbst nachgerechnet. Der Wert entspricht ziemlich genau dem durchschnittlichen Verbrauch der zugelassenen Autos in Deutschland in den letzten Jahren.[3]

Tragen Sie nun in Ihrer Liste (siehe die Vorlage auf Seite 169) Ihre eigenen Werte ein. Bis auf die jährlich gefahrenen Kilometer sind alle Werte fix und unveränderlich. Mit den Gesamtkilometern haben Sie aber Spielraum. Sie können in zusätzlichen Zeilen weitere Berechnungen durchführen, wie sich die Kosten beispielsweise ändern, wenn Sie nicht mehr täglich mit dem Auto zur Arbeit fahren, sondern vielleicht das Fahrrad oder den öffentlichen Nahverkehr nutzen.

Sie wissen jetzt also, was Sie jährlich für Benzin ausgeben. Damit haben Sie Ihre variablen Kosten im Blick und können sich an die Berechnung Ihrer jährlichen Fixkosten machen.

Die Fixkosten

Die Fixkosten für ein Auto zahlt man immer. Egal, ob das Auto gerade fährt oder ob es parkt (was es im deutschen Durchschnitt übrigens 23 Stunden am Tag macht). Einige der folgenden Kostenfaktoren sind offensichtlich, einige verdrängt man als Autobesitzer*in gerne und von einem Faktor hatte ich persönlich bis vor ein paar Jahren noch nie gehört und ihn entsprechend auch nie mit eingerechnet.

Versicherungen

Die Kfz-Haftpflichtversicherung ist in Deutschland verpflichtend vorgeschrieben. Zusätzlich haben viele Autobesitzer noch eine Teil- oder Vollkaskoversicherung, eine Unfallversicherung und fürs Ausland einen zusätzlichen Schutzbrief. Zählen Sie alle jährlichen Kosten dafür zusammen.

Steuer

Die Kfz-Steuer wird jährlich immer zum Tag der Erstzulassung des Wagens bezahlt.

Werkstatt

Da wir handwerklich wenig begabt sind, konnten wir am Auto eigentlich nie selbst etwas reparieren. Wegen jeder Kleinigkeit musste es in die Werkstatt. Meistens war es dann auch noch teurer als im ersten Kostenvoranschlag, weil noch irgendein anderes Problem aufgetaucht ist. Wenn die Rechnung bezahlt war, haben wir die Kosten immer so schnell wie möglich verdrängt. Wenn es Ihnen ähnlich geht: Holen Sie die

Werkstattrechnungen der letzten Jahre aus der Ablage und errechnen Sie einen durchschnittlichen Jahreswert. Zählen Sie die Kosten für Winter- und Sommerreifen, TÜV und die Abgasuntersuchung auch dazu.

Parkausweis/Tiefgaragenstellplatz

Wenn Sie kein eigenes Haus mit Garage besitzen und in einer Stadt wohnen, zahlen Sie wahrscheinlich einen jährlichen Parkschein für Ihr Wohnviertel oder mieten vielleicht gleich einen eigenen Tiefgaragenstellplatz.

Kleinkram

In dieser Rubrik fallen alle weiteren jährlichen Kosten an. Strafzettel, Mitgliedschaft im Automobilklub, zusätzliche Parkgebühren, Navigationsgerät oder Kindersitze.

Wertverlust

Diesen Punkt habe ich bis zum Schluss aufgehoben. Es ist der wichtigste Kostenfaktor und gleichzeitig der am wenigsten bekannte und präsente. Wir haben über den Wertverlust bis kurz vor unserem Autoverkauf auch nie nachgedacht. Wenn man ein neues Auto kauft, ist es im Schnitt nach einem Jahr nur noch 75 Prozent des Neupreises wert, nach drei Jahren nur noch die Hälfte und nach dem vierten Jahr verliert das Auto jedes Jahr weitere 5 bis 6 Prozent an Wert.

Bei einem Gebrauchtwagen schlägt der Wertverlust nicht mehr ganz so stark zu wie bei einem Neuwagen. Aber im Schnitt dürfte auch ein gebrauchtes Fahrzeug jährlich 5 bis 6 Prozent an Wert verlieren. Wenn man das Auto nicht gekauft hätte, stünde einem das Geld zur Verfügung und man könnte es vielleicht sogar gewinnbringend anlegen, Carsharingautos damit mieten oder Bahntickets davon kaufen. Sie müssen den Wertverlust deshalb auf jeden Fall in Ihre Fixkosten mit einberechnen! Und das sagen nicht nur Carsharing-Anbieter in ihren Modellrechnungen, sondern auch DIE deutsche Auto-Institution, die wohl am wenigsten im Verdacht steht, autokritisch zu sein: Der ADAC-Autokostenrechner (einfachautofreileben.de/autokosten) zeigt Ihnen für nahezu jedes aktuelle oder auch nicht mehr ganz aktuelle Automodell eine Übersicht mit allen monatlichen Kosten. Der größte Posten bei allen Autos: der Wertverlust.

Wenn Sie Ihr Auto neu gekauft haben, können Sie sich gut an dieser Liste orientieren. Fahren Sie einen Gebrauchtwagen, dann schauen Sie einfach, was Sie aktuell für Ihren Wagen auf dem Gebrauchtwagenmarkt bekommen würden. Das geht am besten auf Verkaufsplattformen, über die kostenpflichtige »Schwacke-Liste«, ein Ankaufportal, oder gehen Sie einfach zum nächstgelegenen Gebrauchtwagenhändler und lassen sich ein unverbindliches Angebot machen. Tipps und Webseiten zum Autoverkauf finden Sie unter folgendem Link: einfachautofreileben.de/autoverkauf.

Unser letztes Auto war ein Škoda Octavia Combi, den wir für 12 000 Euro gebraucht gekauft hatten. Nach vier Jahren war er noch 4 000 Euro wert. Daraus ergab sich unser persönlicher jährlicher Wertverlust wie folgt:

Kaufpreis		Aktueller Marktwert		Bisheriger Gesamtverlust		Anzahl Besitzjahre		Jährlicher Verlust
12 000 €	–	4 000 €	=	8 000 €	:	4	=	2 000 €

Der Wertverlust eines Autos ist enorm …

Den jährlichen Wertverlust Ihres eigenen Wagens berechnen Sie nun ganz einfach selbst (siehe die Vorlage auf Seite 167). Mit dem Wertverlust haben Sie nun den letzten noch fehlenden Wert für Ihre **echte** und **ehrliche** Berechnung. Was kostet Ihr Auto wirklich? Bei unserem alten Kombi sah die Liste am Ende so aus:

JÄHRLICHE AUTOKOSTEN FÜR 10 440 KILOMETER	
Benzinkosten	1 000 €
Versicherungen	610 €
Steuer	300 €
Werkstatt	700 €
Parklizenz/Tiefgaragenstellplatz	30 €
Kleinkram	150 €
Wertverlust	2 000 €
Gesamtkosten	4 790 €
Gesamtkosten : Kilometer	4 790 € : 10 440 Kilometer
Kilometerpreis	0,46 €

Was unser Auto im Jahr so gekostet hat.

Jetzt erstellen Sie Ihre eigene, persönliche Kostenkalkulation. Tragen Sie die zuvor berechneten Benzinkosten und alle jährlichen Fixkosten in die Tabelle auf Seite 170 ein. Zählen Sie alles zusammen, und Sie erhalten die Kosten, die Ihr Auto jedes Jahr verursacht.

Neben den Gesamtkosten erhalten Sie durch Ihre Berechnungen auch noch einen zweiten wichtigen Wert: den Kilometerpreis Ihres Autos. Bisher war das für Sie wahrscheinlich nur der reine Benzinpreis. Dieser Wert hier ist aber Ihr echter Preis, den Sie für jeden zurückgelegten Kilometer mit Ihrem Auto bezahlen. Er wird im späteren Verlauf noch mehrmals wichtig werden, wenn es darum geht, verschiedene Verkehrsmittel direkt zu vergleichen.

Die Zahlen, die Sie unter dem Strich sehen, überraschen Sie wahrscheinlich ein bisschen. So ging es uns jedenfalls. Aber das sind tatsächlich die realistischen Kosten für Ihr Auto. Vor allem der Wertverlust sorgt bei Freunden von mir immer für Erstaunen und wird oft mit dem Satz »Ja gut, aber jetzt habe ich mein Auto halt schon mal, jetzt fahre ich es auch« abgetan. Gleichzeitig ist das eine Zahl, die man nicht jedes Jahr auf dem Kontoauszug sieht, sondern nur dann, wenn man sein Auto verkauft und den Verkaufswert dann gegen den damaligen Kaufpreis gegenrechnet. Das machen die wenigsten. Und es ändert leider nichts an der Tatsache: Der Wertverlust ist real und kann nur gestoppt werden, wenn Sie Ihr Auto verkaufen.

EIN EIGENES AUTO IM KOSTENVERGLEICH MIT EINEM CARSHARINGAUTO

Im nächsten Schritt wollten wir dann wissen, was es kosten würde, wenn wir unsere gesamten Strecken mit Autos eines stationären Carsharing-Anbieters zurücklegen würden, um die Zahl mit den zuvor berechneten Kosten für unseren Škoda zu vergleichen. Die Betonung liegt hier bewusst auf »stationär«. Welche unterschiedlichen Carsharing-Anbieter es gibt, erkläre ich später ausführlich. Eine Übersicht mit allen stationären Anbietern finden sie auf der Webseite des Bundesverband CarSharing (einfachautofreileben.de/carsharing/).

Der Preis bei den meisten Carsharing-Diensten berechnet sich aus einem Zeittarif und einem Kilometerpreis. Oft gibt es Rabatte, je länger man ein Auto mietet. Außerdem sind meistens verschiedene Fahrzeugklassen im Angebot, die ebenfalls unterschiedlich teuer sind. Deshalb müssen Sie die Kosten für jede der zuvor definierten Fahrtkategorien einzeln berechnen.

Die meisten Anbieter stellen auf ihren Webseiten einen Kostenkalkulator zur Verfügung. Sollte Ihr Anbieter einen solchen Onlinerechner nicht anbieten, dann finden Sie eine Kalkulationsvorlage unter folgendem Link: einfachautofreileben.de/carsharing. Wählen Sie für die Berechnung die Fahrzeugklasse aus, die Ihrem aktuellen Auto entspricht. Bei dieser Berechnung müssen Sie auch die zuvor festgelegten Zeitwerte der einzelnen Fahrttypen eintragen, da diese Werte sich auf den Mietpreis eines Carsharingautos auswirken. Bei uns sah die Berechnung für einen Familienkombi und 10 440 Kilometer im Jahr so aus:

Fahrtart	Strecke in Kilometern	Wie oft	Gesamt-kilometer	Gesamtkosten Carsharing
Ausflug	150	10	1 500	720 €
Wochenendfahrt	600	12	7 200	2 844 €
Urlaub	1 500	1	1 500	666 €
Sonstige	20	12	240	180 €
Gesamtkosten				4 410 €
Gesamtkosten eigenes Auto				4 790 €

Die Kosten für unsere Autofahrten mit Carsharing.

Das bedeutet: Wenn wir unseren Kombi verkauft hätten und ab dann alle Fahrten ebenfalls mit einem Carsharing-Kombi gemacht hätten, hätten wir im Jahr schon knapp 300 Euro weniger bezahlt. Das gute am Carsharing ist aber, dass man zwischen verschiedenen Wagenklassen wählen kann. Ich habe deshalb noch eine zweite Rechnung angestellt und dabei bei den Ausflügen und den sonstigen Fahrten einen Kleinwagen ausgewählt. Dadurch reduzierten sich die Gesamtkosten wie folgt:

Fahrtart	Strecke in Kilometern	Wie oft	Gesamt-kilometer	Gesamtkosten Carsharing
Ausflug (Kleinwagen)	150	10	1 500	640 €
Wochenendfahrt	600	12	7 200	2 844 €
Urlaub	1 500	1	1 500	666 €
Sonstige (Kleinwagen)	20	12	240	162 €
Gesamtkosten				4 312 €
Gesamtkosten eigenes Auto				4 790 €

Wir haben unsere Auflistung der Nutzung von Carsharing-Angeboten noch einmal verfeinert …

Tragen Sie jetzt Ihre eigenen Daten in die Liste auf Seite 171 ein. Berechnen Sie die Kosten zunächst so, als würden Sie Ihr jetziges Auto eins zu eins mit derselben Wagenklasse ersetzen. In einem zweiten Durchgang können Sie dann noch die Wagenklassen durchmischen. Jetzt sehen Sie im direkten Vergleich, was Sie ein Umstieg auf Carsharing im Jahr finanziell kosten würde. Diese Rechnung fällt bei einer maximalen Jahreskilometerzahl von **12 000** in den meisten Fällen zugunsten des Carsharings aus.

Unser persönliches Fazit nach sechs Jahren

Am Ende unseres ersten Carsharing-Jahres lagen unsere Kosten dann noch mal deutlich unter den Kosten für unseren eigenen Familienkombi. Sowohl die Häufigkeit als auch die Länge der Fahrten hatten wir zu großzügig geschätzt. Und gleichzeitig gab es einen deutlichen Spareffekt durch die Nutzung von alternativen Transportmitteln wie Bahn und Fernbus. Dieser Spareffekt bestätigte sich dann auch in den folgenden Jahren. Wir fahren jedes Jahr insgesamt Strecken zwischen **10 000 und 13 000 Kilometern.** In den letzten sechs Jahren sieht unsere finanzielle Bilanz deutlich positiv aus. Wir zahlen jedes Jahr knapp **1 000 Euro weniger,** als wir für ein eigenes Auto aufbringen müssten.

Sie haben nun viel über die Kosten erfahren, die ein Privat-Pkw verursacht.

- **Die emotionalen Kosten machen sich viele Menschen nicht bewusst. Viele wachsen damit auf und nehmen die Belastungen, die es erzeugt, hin.**
- **Die gesellschaftlichen Kosten sind bei Weitem nicht mit dem Bezahlen der Kfz-Steuer abgegolten. Individuelle Mobilität mit dem Privat-Pkw ist der Hauptverursacher externer Verkehrskosten, die von der Allgemeinheit bezahlt werden müssen.**
- **Die privaten Kosten sind vor allem aufgrund des immensen Wertverlustes deutlich höher, als viele denken.**

Wenn Sie sich auf der Grundlage dieser Punkte jetzt dafür entscheiden, Ihr Auto zu verkaufen, fragen Sie sich bestimmt, wie das denn werden soll in der Praxis. Geht das wirklich ohne Auto? Welche Verkehrsmittel soll ich nutzen? Was kosten die? Und ist das nicht alles total kompliziert? Im nächsten Kapitel stelle ich Ihnen die verschiedenen Mobilitätsdienstleister vor und erzähle auch aus unserem Alltag ohne eigenes Auto, welche Anbieter für uns wichtig sind und welche nicht.

Schritt 2: Die Alternativen zum privaten Pkw

CARSHARING

Als wir unser Auto verkauften, war es uns wichtig, dass wir trotzdem weiter Zugriff auf ein Auto hatten. Wir konnten es uns erst mal nicht vorstellen, mit zwei damals noch kleinen Kindern komplett auf Automobilität zu verzichten. Eine Grundvoraussetzung war also, dass wir in unserem nahen Umfeld einen Carsharing-Anbieter brauchten. Ein Autoausstieg ohne einen solchen Anbieter ist sicherlich auch möglich, ich denke aber, für die meisten Menschen ist es einfacher mit einem solchen Anbieter, weil man damit einen langsamen, fließenden Übergang in einen nachhaltigeren Mobilitätsmix schaffen kann. Außerdem ist die Verkehrsinfrastruktur in Deutschland primär auf das Auto ausgelegt. Uns gelingt auch nach sechs Jahren der komplette Verzicht auf ein Auto nicht, und das wird er auch in naher Zukunft, vor allem mit Blick auf Mobilitätsangebote im ländlichen Raum, nicht.

Carsharing gibt es in Deutschland schon seit den 1980er-Jahren. Ursprünglich entstanden die ersten Anbieter aus der Umweltbewegung heraus und hatten ideelle Ziele. In Deutschland fristete Carsharing lange Jahre nur ein Nischendasein. Erst in den letzten Jahren wurde das Thema präsenter. In Deutschland starteten 2011 die beiden großen Autohersteller BMW und Daimler mit ihren Sharing-Angeboten car2go und DriveNow (die mittlerweile zu dem großen Dienst SHARE NOW fusioniert sind) in zahlreichen deutschen Städten. Seitdem hat Carsharing einen deutlichen Popularitätsschub im urbanen Raum erfahren. Kein Bericht in den Medien über das Thema kommt ohne ein Bild mit einem Auto eines der großen Anbieter aus. Auf den ersten Blick ist das eine positive Entwicklung. Aber die Angebote der beiden großen Autohersteller und der klassischen, einst umweltbewegten Anbieter unterscheiden sich in einigen Punkten deutlich – sowohl was die Zielsetzung der Unternehmen angeht als auch die Preise, die man für die Nutzung eines Wagens zahlen muss.

Grundsätzlich gibt es zwei unterschiedliche Carsharing-Modelle. Das sogenannte **Free-Floating**-Prinzip ist in den letzten Jahren hauptsächlich von car2go und Drive-Now in den größten Städten Deutschlands eingeführt worden. Die Fahrzeuge werden auf öffentlichen Parkplätzen abgestellt und können dort jederzeit per App gebucht werden. Nach der Fahrt muss man das Auto wieder an einer beliebigen Stelle innerhalb des Vertragsgebietes abstellen. Die Fahrzeuge *floaten* also immer durch die Stadt und stehen mal hier und mal dort. Beim **stationsgebundenen** Carsharing hat jedes Auto einen eigenen Parkplatz. Nach der Fahrt muss es auch wieder dorthin zurückgebracht werden.

UNFALL, STRAFZETTEL UND VERSICHERUNG

Carsharingautos sind in der Regel vollkasko- und haftpflichtversichert. Es gelten je nach Anbieter unterschiedliche Selbstbeteiligungen. Bei manchen Anbietern kann man die Selbstbeteiligung noch reduzieren. Bei einem Unfall sollte man schnellstmöglich den Anbieter kontaktieren. Außerdem ist es sinnvoll, vor Fahrtbeginn das Auto kurz auf Vorschäden zu prüfen. Bleibt man mit einer Panne liegen, liegt bei den meisten Anbietern ein Schutzbrief im Handschuhfach, der vor Ort Pannenhilfe gewährleistet. Strafzettel für Tempoüberschreitungen und Falschparken müssen selbst bezahlt werden. Wenn man vom eigenen Auto zum Carsharing wechselt, gibt man auch die eigene Kfz-Versicherung auf. Für ein paar Jahre bleibt dabei der persönliche Schadensfreiheitsrabatt erhalten. Je nach Kfz-Versicherung kann es aber sein, dass man bei einem späteren Neueinstieg in eine private Kfz-Versicherung wieder als Fahranfänger eingestuft wird. Der Bundesverband CarSharing hat deshalb mit einem Versicherer einen speziellen Tarif für »Carsharing-Aussteiger« abgeschlossen, der diesen Effekt abfedert. Mehr Infos dazu unter: einfachautofreileben.de/carsharing.

Stationäres Carsharing

Das stationäre Carsharing war von Anfang an eine unserer wichtigsten Mobilitätssäulen. Die Autos unseres Anbieters STATTAUTO stehen auf verschiedenen festen Parkplätzen im Stadtviertel. Die am nächsten gelegene Station ist in einer Tiefgarage, die auch für unser eigenes Auto damals die Tiefgarage unserer Wahl gewesen wäre. Unseren Kombi mussten wir früher manchmal weiter weg von der Wohnung parken. Zusätzlich gibt es noch zwei weitere Stationen, die etwas weiter entfernt liegen, aber immer noch zu Fuß erreichbar sind. Wenn wir also Carsharing nutzen, ist es im Prinzip auch nicht mühsamer und umständlicher, als früher unser zehn Minuten entfernt geparktes Auto zu suchen.

Ganz im Gegenteil. Es hat sogar einige Vorteile. Wir können uns je nach Anforderung unterschiedliche Fahrzeugklassen auswählen. Für den langen Urlaub steht ein Kombi zur Verfügung, für einen Ausflug reicht ein kleinerer Wagen und für den Großeinkauf im Möbelgeschäft mieten wir einen Transporter. Außerdem fällt die mühsame Parkplatzsuche komplett weg. Jedes Auto hat seinen festen Parkplatz, zu dem wir es wieder zurückbringen. Zusätzlich wird die Autoflotte regelmäßig erneuert und ausgebaut. Dadurch haben wir viel schneller Zugriff auf moderne, gut ausgestattete und umweltfreundlichere Fahrzeuge, als wir es mit einem eigenen Auto hätten. Wenn wir mal einen Fahrradträger oder eine Dachbox brauchen, können wir das bei der Reservierung angeben und bekommen das dann zur Verfügung gestellt. Als wir in einem unserer Urlaube mal eine Reifenpanne hatten, war das Auto unseres Carsharers vorbildlich mit Werkzeug und funktionierendem Ersatzrad ausgestattet. Bei unserem alten Auto hätte ich dafür nicht die Hand ins Feuer gelegt.

Ein Carsharingauto ist für uns im Prinzip wie unser eigenes Auto, hat aber den Vorteil, dass wir uns, außer Tanken (und das geht bequem mit Tankkarte an fast allen Tank-

stellen), um nichts kümmern müssen. Wir stellen es nach der Nutzung einfach zurück auf den Parkplatz, und um alles Weitere kümmert sich unser Dienstleister. Kein TÜV, kein Winterreifenwechsel, kein Scheibenwischwasser nachfüllen. Das Einzige, was neu ist, wenn man zum Carsharing wechselt, ist, dass man jede Fahrt vorher buchen muss. Daran haben wir uns aber ziemlich schnell gewöhnt. Bei allen Anbietern geht das bequem per App oder Internet. In den seltenen Fällen, wo es mal Probleme gab, hat uns eine gut erreichbare Telefonhotline schnell weitergeholfen.

Viele stationäre Anbieter verlangen eine geringe monatliche Gebühr im einstelligen Eurobereich. Und bevor man Mitglied wird, muss man bei manchen einen mittleren dreistelligen Betrag als Pfand hinterlegen. Die eigentlichen Fahrtenpreise liegen dann fast immer unter denen der Free-Floating-Anbieter. Die kleine Monatsgebühr fällt am Ende gar nicht mehr ins Gewicht. Verschiedene Studien belegen, dass die Nutzer von stationären Angeboten im Vergleich zu Free-Floating-Nutzern öfter keinen privaten Pkw mehr besitzen. Das liegt daran, dass Preisstruktur und Angebotsvielfalt der Anbieter viel mehr auf den Ersatz des eigenen Autos ausgerichtet sind als bei den Free-Floatern.

Unsere anfängliche Befürchtung, nicht immer ein Auto zur Verfügung zu haben, wenn wir auch mal kurzfristig eines benötigen, hat sich überhaupt nicht bestätigt. Es gab bisher noch keinen Fall, dass wir nicht dorthin gekommen sind, wo wir hinwollten. Fast alle stationären Anbieter sind im Bundesverband CarSharing e.V. organisiert. Sie haben grundsätzlich das Ziel, privaten Pkw-Besitz zu verringern und Ersatz für das eigene Auto zu stellen. Ihre Tarifstruktur ist genau darauf ausgerichtet. Das Geschäftsziel ist nicht maximale Gewinnausschüttung, sondern kostendeckendes, langsames, nachhaltiges Wachstum. Manche der Anbieter sind zusätzlich noch gemeinnützig und beschäftigen zum Beispiel auf dem Arbeitsmarkt schwer vermittelbare Menschen.

 ▶ **Eine Übersicht mit allen stationären Anbietern finden Sie hier: einfachautofreileben.de/carsharing.**

Free-Floating

Der bekannteste Free-Floating-Anbieter in Deutschland ist SHARE NOW, ein gemeinschaftliches Unternehmen der beiden Autohersteller Daimler und BMW. Neben dem Marktführer gibt es noch einige kleinere Anbieter in deutschen Städten. Die Fluktuation ist dort teilweise sehr hoch. So schnell, wie ein neuer Anbieter seine Autos in der Stadt abstellt, so schnell stellt er manchmal seinen Betrieb auch wieder ein. Es lohnt sich also, am Ball zu bleiben und regelmäßig zu schauen, ob es vielleicht einen neuen Anbieter mit günstigeren Konditionen gibt. Eine aktuelle Übersicht finden Sie unter diesem Link: einfachautofreileben.de/carsharing.

Die Anmeldung bei den meisten Anbietern geht bequem über eine App. Dort kann man sehr nutzerfreundlich Zahlungsdaten hinterlegen und den eigenen Führerschein zur Authentifizierung hochladen. Eine monatliche Gebühr gibt es meistens nicht. Man zahlt nur, wenn man auch fährt. Die Autos werden über die App oder eine Mitgliedskarte einfach entsperrt.

Für unsere Mobilität spielen die Free-Floating-Angebote keine größere Rolle. Ich bin zwar bei allen Anbietern der Stadt Mitglied und habe die Apps auf meinem Smartphone installiert, aber nur aus reinem Interesse. Praktisch haben wir in den zurückliegenden Jahren vielleicht zehnmal einen Free-Floater für kurze Fahrten innerhalb der Stadt gebucht.

Da die Autos immer wieder in der Stadt umherwandern, sind sie für eine längerfristige Planung ungeeignet. Wenn wir einen Ausflug am Wochenende vorbereiten, wissen wir im Voraus nicht, ob an dem geplanten Tag ein Wagen in unserer Nähe stehen und welches Modell es sein wird. Free-Floating ist wirklich nur für spontane Fahrten geeignet.

Oder für Menschen, die gerne etwas außergewöhnlichere Autos fahren. Zumindest der Anbieter SHARE NOW hat einige sportliche, schicke Modelle, teilweise in Cabrio-Ausführung, im Angebot.

Am Ende jeder Fahrt gilt es dann auch wieder, auf Parkplatzsuche zu gehen. Dadurch kann sich die Fahrtzeit in dicht besiedelten Vierteln noch mal verlängern.

SONDERFALL: ZONENBASIERTES CARSHARING

Beim zonenbasierten Carsharing parken die Autos in städtischen Parkzonen auf öffentlichen Parkplätzen. Anders als beim stationären Carsharing hat das Auto also keinen festen Parkplatz. Man muss nach der Fahrt selbst einen freien Parkplatz in der entsprechenden Parkzone suchen. Zonenbasiertes Carsharing wird meistens von kleinen Start-ups angeboten, die sich häufig nicht lange am Markt halten können. Preislich stehen diese Anbieter durchaus in direkter Konkurrenz zu den stationären Anbietern. Die Suche nach einem Parkplatz ist in dicht besiedelten Vierteln allerdings eine deutliche Komforteinbuße.

Europaweite Nutzung

Praktisch können Free-Floating-Anbieter sein, wenn sie in mehreren Städten vertreten sind. SHARE NOW hat in den größten deutschen Städten und in zahlreichen europäischen Metropolen Autos im Einsatz. Diese kann man als Kunde normalerweise problemlos nutzen. Steht beim Urlaub in London oder Madrid also ein entsprechender Wagen am Straßenrand, kann man diesen genauso buchen wie in der Heimatstadt.

Stationäres versus Free-Floating-Carsharing

Im direkten Preisvergleich liegen die Autos des Free-Floating-Marktführers meistens über den Preisen von stationären Anbietern. Ein paar beispielhafte Fahrten im Direktvergleich des Münchner Anbieters STATTAUTO mit SHARE NOW zeigen das. Die Preise von anderen stationären Anbietern wie zum Beispiel Flinkster liegen in ähnlicher Höhe. Eine regelmäßig aktualisierte Liste mit weiteren Anbietern und Preisvergleichen finden Sie unter: einfachautofreileben.de/carsharing.

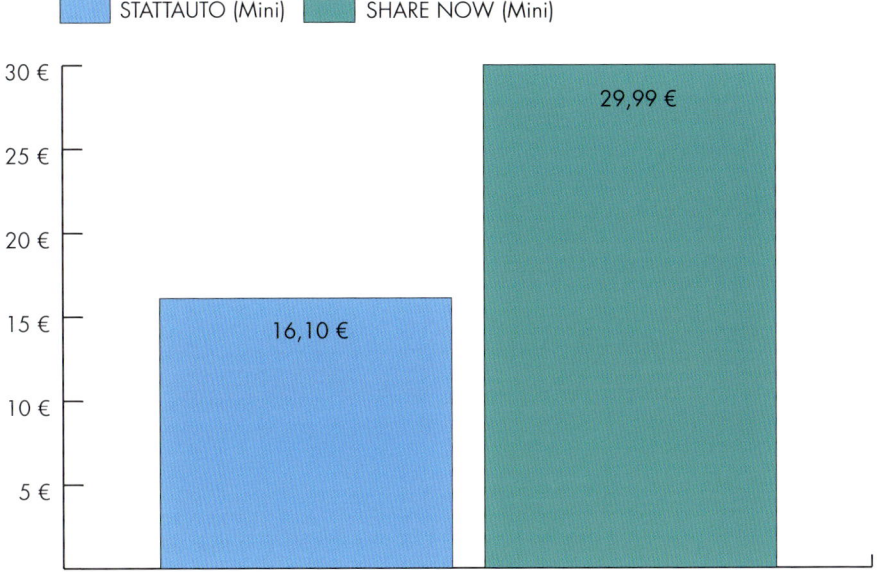

Stationäres Carsharing versus Free-Floating

STATTAUTO (Mini)   SHARE NOW (Mini)

Fahrt: 4 Stunden, 30 Kilometer

Kostenvergleich bei stundenweiser Abrechnung.

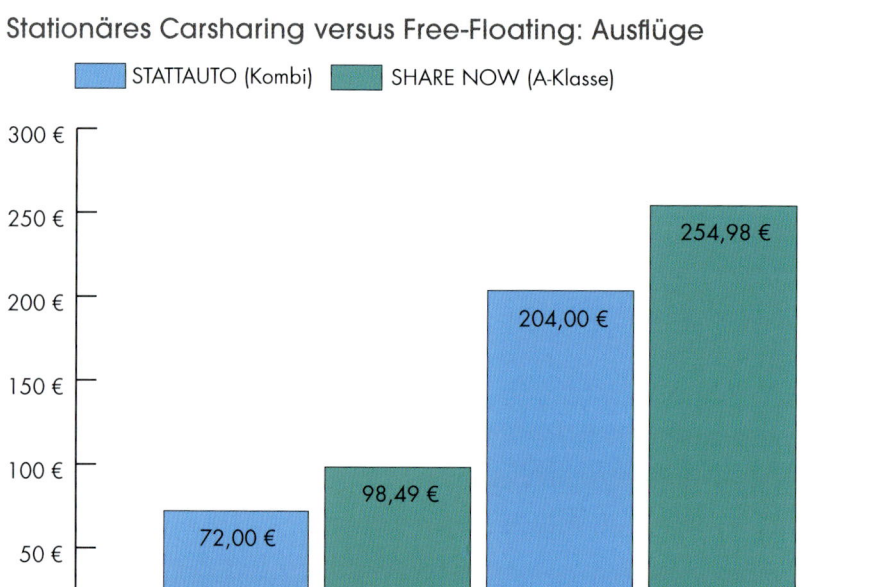

Stationäres Carsharing versus Free-Floating: Ausflüge

STATTAUTO (Kombi)   SHARE NOW (A-Klasse)

Stationäres Carsharing versus Free-Floating-Carsharing – was ist günstiger für Tagesausflüge?

Anmerkung: Die Erhebung wurden zwischen ähnlichen Fahrzeugklassen im September 2020 in München erhoben. SHARE NOW hat keine Kombis im Angebot, die A-Klasse ist hierzu am ehesten vergleichbar. Bei SHARE NOW variieren die Preise je nach Auslastung täglich. Sie wurden deshalb tagesaktuell über die App erhoben.

Stationäres Carsharing versus Free-Floating: Urlaube

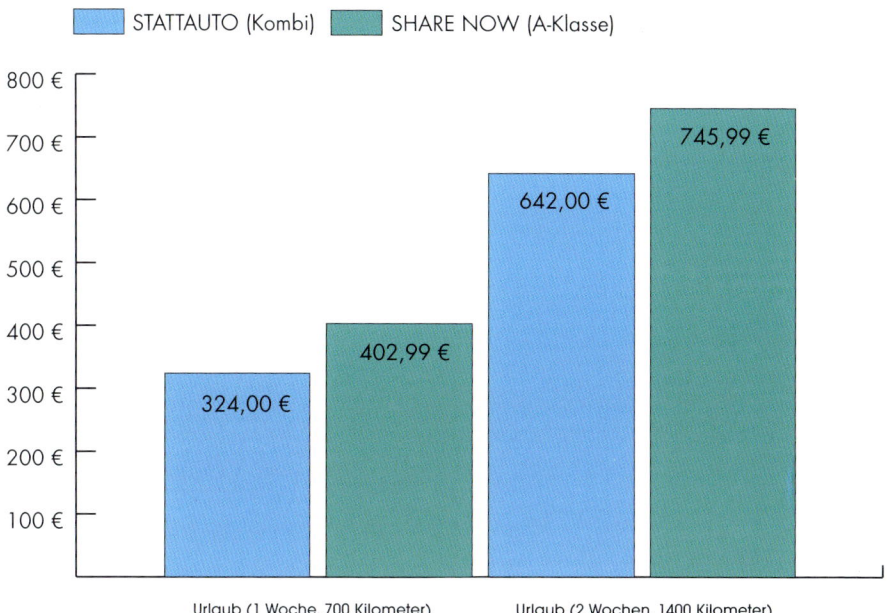

STATTAUTO (Kombi)   SHARE NOW (A-Klasse)

- STATTAUTO: Urlaub (1 Woche, 700 Kilometer) 324,00 €
- SHARE NOW: Urlaub (1 Woche, 700 Kilometer) 402,99 €
- STATTAUTO: Urlaub (2 Wochen, 1400 Kilometer) 642,00 €
- SHARE NOW: Urlaub (2 Wochen, 1400 Kilometer) 745,99 €

Stationäres Carsharing versus Free-Floating-Carsharing – was ist günstiger für Urlaubsfahrten?

Fehlende Planungssicherheit?

Der Free-Floating-Markt ist wie auch der Markt für zonenbasiertes Carsharing noch relativ jung. Stationäre Anbieter gibt es schon seit Mitte der 1980er-Jahre, Mercedes und BMW haben ihre Angebote erst 2012 gestartet. Viele kleinere Konkurrenten sind seitdem schon wieder vom Markt verschwunden. Mit dem Autovermieter Sixt ist 2019 ein mächtiger Anbieter in den Markt eingetreten und macht mit entsprechenden

Niedrigpreisen Druck. Laut Verkehrsexperten ist SHARE NOW weit davon entfernt, Gewinn abzuwerfen. Free-Floating-Anbieter haben im Vergleich zu stationären Anbietern deutlich höhere Kosten. Es herrscht also ein Verdrängungswettbewerb und man kann nicht sicher sein, welche Anbieter es in einem Jahr noch geben wird. Für die langfristige Entscheidung, das eigene Auto abzuschaffen, bedeutet das eine sehr geringe Planungssicherheit.

EINE ZEITLEISTE PLEITE GEGANGENER FREE-FLOATER UND ZONENBASIERTER ANBIETER					
2013	2015	2015	2017	2018	2020
ZebraMobil	CiteeCar	spotcar	Multicity	BeeZero	Oply

Diese Free-Floating-Carsharing-Anbieter sind pleitegegangen …

Free-Floater sind also meistens nur eine nette Ergänzung im persönlichen Mobilitätsmix, ein eigenes Auto werden sie nur schwer ersetzen können. Mehrere Studien zeigen, dass Free-Floating-Nutzer weiter ihr eigenes Auto behalten und die Angebote nur als netten Bonus für eine Fahrt mit dem Cabrio am Wochenende nutzen.[4]

Carsharing-Anbieter in Deutschland

Kriterien, um nachhaltige und zuverlässige Carsharing-Anbieter zu erkennen:

▶ **Wie lange gibt es den Anbieter schon?**
Je länger ein Anbieter auf dem Markt ist, desto nachhaltiger und zuverlässiger ist sein Geschäftsmodell.

▶ **Ist der Anbieter Mitglied im Bundesverband CarSharing?**
Der Bundesverband hat das Ziel, den Autobestand und den Autoverkehr zu verringern. Anbieter, die diese Vorgabe mit ihrem Geschäftsmodell nicht unterstützen, werden nicht aufgenommen. Die Mitgliedschaft ist also ein Qualitätsmerkmal.

▶ **Gibt es Tarife, in denen Kilometerpauschalen schon enthalten sind?**
Nachhaltige Anbieter verfolgen das Ziel, dass möglichst wenig gefahren wird. Tarife mit inkludierten Kilometerpauschalen sind dafür nicht geeignet.

▶ **Was sind die Unternehmensziele?**
Ein junges Mobilitäts-Start-up finanziert sich oft über Risikokapital, Autokonzerne sind ihren Aktionären verpflichtet. Beide müssen Rendite erwirtschaften. Die meisten Anbieter, die im Bundesverband CarSharing organisiert sind, müssen erst mal nur kostendeckend wirtschaften und im zweiten Schritt ihr nachhaltiges Wachstum finanzieren.

In über 800 deutschen Städten gab es 2019 Carsharing-Anbieter. Den Hauptanteil am Angebot haben die stationären Anbieter. Free-Floating-Anbieter gab es im Jahr 2019 nur sieben.

Carsharing in Deutschland

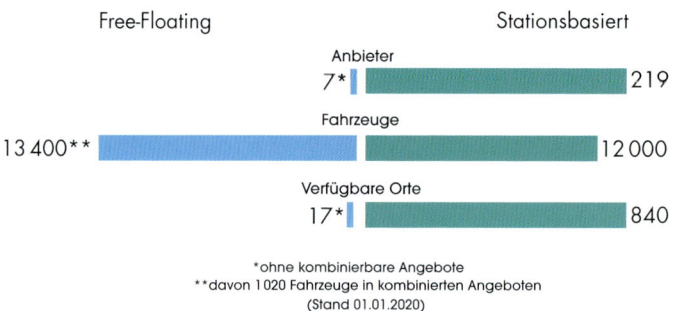

Eine Gegenüberstellung zeigt, wie viele Free-Floating-Anbieter und -Fahrzeuge es an wie vielen Orten im Vergleich zu Carsharingautos an festen Stationen gibt.

Während Free-Floating-Angebote fast ausschließlich in den großen deutschen Metropolen verfügbar sind, findet man stationäre Anbieter auch in zahlreichen kleineren und mittleren Städten.

In der Pro-Kopf-Versorgung mit stationären Carsharingautos führen im deutschlandweiten Ranking die Carsharing-Anbieter in vielen kleineren und mittleren Städten wie Karlsruhe, Freiburg oder Tübingen. In Karlsruhe kommen auf 1 000 Einwohner fast drei stationäre Autos. Unsere Stadt München erscheint in dieser Rangliste mit 0,5 stationären Autos pro 1 000 Einwohner erst im Mittelfeld. Carsharing funktioniert also keineswegs nur in den großen Metropolen. Im Gegenteil, die Angebote in kleineren und mittleren Städten sind teilweise deutlich besser.

Versorgung stationsbasiertes Carsharing

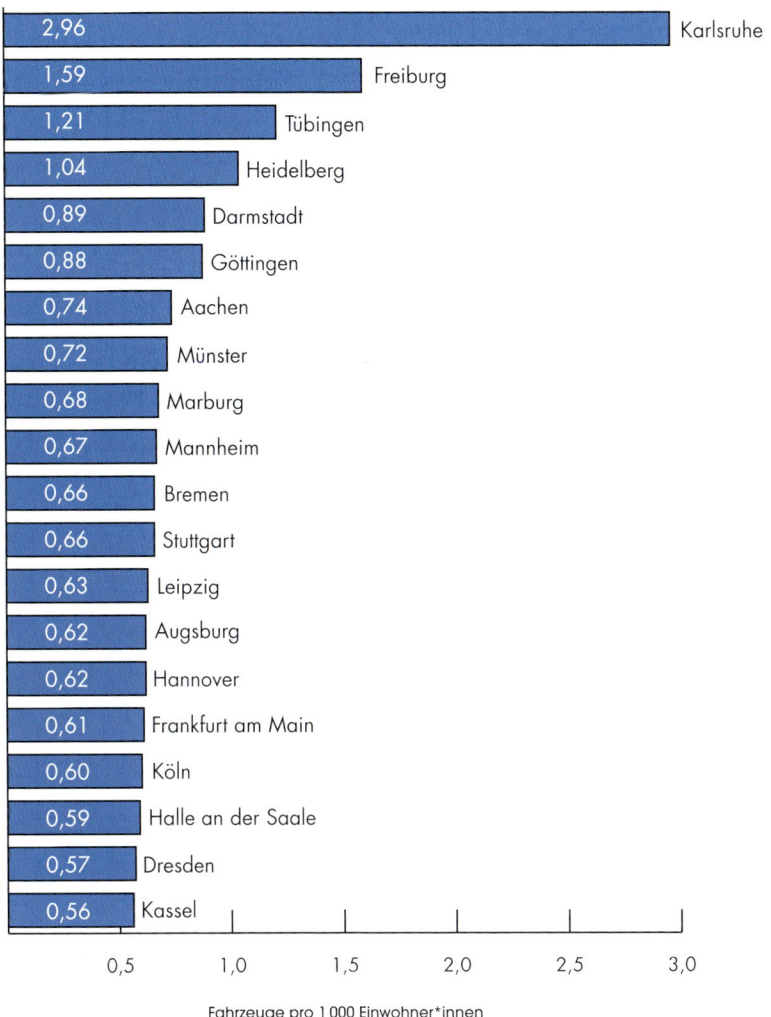

Fahrzeuge pro 1 000 Einwohner*innen

Spitzenreiter sind in dieser Statistik meist kleinere und mittelgroße Städte.

MIETWAGEN

Klassische Autoverleiher bieten eigentlich ein dem Carsharing ähnliches Modell an. Man leiht ein Auto für einen bestimmten Zeitraum aus und bringt es danach wieder an einen vorgegebenen Ort zurück. Vom Kleinwagen bis zum Transporter ist dort auch alles im Angebot. Preislich können die Autos je nach Fahrtweg durchaus mit Carsharing-Anbietern konkurrieren. Vor allem auf längere Strecken ist ein Mietwagen manchmal sogar günstiger. Ein großer Nachteil für den Alltag ist aber, dass die Stationen der Autoverleiher meistens nur an zentralen Orten wie Bahnhöfen sind. Man hat je nach Wohnort einen längeren Anfahrtsweg zum Auto. Außerdem schwanken die Angebotspreise. Je nach Saison oder Auslastung kostet ein Mietwagen mal mehr, mal weniger. Das erschwert eine sichere, langfristige Kalkulation. Für längere Fahrten wie zum Beispiel den Jahresurlaub oder für mehrtägige Ausflüge kann es sich aber auf jeden Fall lohnen, die Angebote der großen Anbieter zu prüfen.

PRIVATES CARSHARING: DAS EIGENE AUTO TEILEN

Eine weitere Möglichkeit, sich Autos zu teilen, ist das private Carsharing. Am einfachsten geht das, wenn man sich mit Nachbarn oder Freunden zusammenschließt und gemeinsam ein Auto anschafft. Professionalisiert haben dieses Modell mehrere Internetplattformen, bei denen man sein privates Auto anderen zur Verfügung stellen kann. Man legt fest, zu welchen Zeiten man das Auto mieten kann und was es kosten soll. Der Mieter zahlt eine Gebühr – in der meistens auch eine Unfallversicherung enthalten ist – an den Plattformbetreiber und die eigentliche Miete an den Vermieter. Zur Autoübergabe müssen sich dann beide Parteien treffen. Vor Fahrtantritt muss ein Mietvertrag samt Übergabeprotokoll ausgefüllt werden.

Die Idee klingt im Prinzip sinnvoll. Ein privater Pkw steht im Schnitt fast 23 Stunden pro Tag auf dem Parkplatz und wird nicht genutzt. Da scheint es verlockend, mit diesen Ruhezeiten ein bisschen zusätzliches Geld für den Unterhalt des Wagens einzunehmen.

Bevor wir unser Auto verkauft haben, haben wir es bei einer solchen Plattform eingestellt. Es kam allerdings nie zu einer Vermietung. Der Hauptgrund dafür: Immer, wenn wir unser Auto nicht brauchten, hatten auch andere Menschen in unserer Nachbarschaft keinen Bedarf. Und umgekehrt. Während wir in der Arbeit waren oder am Abend auf dem Sofa, waren eben auch die potenziellen Kunden in der Arbeit oder auf dem Sofa und hatten keinen Autobedarf. Den hatten sie dann am Wochenende für größere Einkäufe oder Ausflüge. Aber genau dafür haben wir unser Auto am Wochenende eben auch genutzt. Außerdem gibt es bei diesem Sharing-Modell auch noch eine große psychologische Hürde. Als Autobesitzer hat man ja immer ein bisschen Angst, dass es zu Komplikationen mit Folgekosten kommt, und als Mieter kann es sich umgekehrt komisch anfühlen, in so einen privaten Bereich von anderen Menschen einzudringen. Das private Carsharing ist also eher ein Nischenmodell, recht kompliziert und umständlich in der Umsetzung.

FAHRGEMEINSCHAFTEN UND MITFAHRZENTRALEN

In einem deutschen Pkw sitzen im Durchschnitt nur 1,46 Personen, im täglichen Berufsverkehr sind es sogar nur 1,2. Das ist ziemlich ineffektiv. Ein Auto mit zwei Personen verbraucht nur halb so viel Treibstoff wie zwei Autos, da das Gewicht der zusätzlichen Person bei einem Gesamtgewicht des Fahrzeugs von durchschnittlich 1 000 Kilogramm keinen großen Einfluss mehr auf den Benzinverbrauch hat.

Fahrgemeinschaften bieten sich für unterschiedliche Zwecke an. Sehr gut dafür geeignet sind regelmäßige Fahrten wie das Pendeln zur Arbeit. In den 1970er-Jahren, zu Zeiten der Ölkrise, wurden Fahrgemeinschaften staatlich viel mehr gefördert. Ich kann mich noch daran erinnern, dass mein Vater bei uns auf dem Land jeden Morgen mit drei Arbeitskollegen zusammen zur Arbeit gefahren ist. Durch die individualisierten Arbeitszeiten ist das heute vielleicht nicht mehr ganz so einfach. Gleichzeitig sind aber durch das Internet zahlreiche Vermittlungsplattformen für Mitfahrgelegenheiten entstanden, durch die es wiederum einfacher als in den 1970er-Jahren ist, Menschen mit dem gleichen Arbeitsweg zu finden. Viele Firmen fördern mittlerweile auch gezielt die Bildung von Fahrgemeinschaften durch interne Vermittlungsbörsen.

Aber auch für weitere Strecken oder Wochenendausflüge eignen sich Fahrgemeinschaften durchaus. Die Vermittlungsplattformen bieten zahlreiche Suchmöglichkeiten, um den richtigen Fahrer oder die richtige Mitfahrerin zu finden. Interne Bewertungssysteme sorgen dafür, dass sich auch Mitfahrer*innen sicher fühlen können, denen vielleicht am Anfang etwas mulmig dabei ist, zu einer fremden Person ins Auto zu steigen. Fahrgemeinschaften senken den Schadstoffausstoß pro Person. Gleichzeitig spart man Fahrtkosten, wenn man sich ein Auto mit mehreren Personen teilt. Und wenn vier Personen in einem Auto zur Arbeit fahren, bedeutet das auch drei Autos weniger im morgendlichen Berufsverkehr und damit weniger Stau, ein geringeres Unfallrisiko und insgesamt entspanntere Arbeiter.

Eine Umfrage aus dem Jahr 2012 zeigt das Potenzial, das in Fahrgemeinschaften zum Arbeitsweg liegt. Nur 6 Prozent aller Arbeitenden teilen sich regelmäßig ein Auto auf dem Weg zur Arbeit, der Rest sitzt alleine im morgendlichen Berufsverkehr.

Bilden Sie regelmäßig Fahrgemeinschaften für den Arbeitsweg?

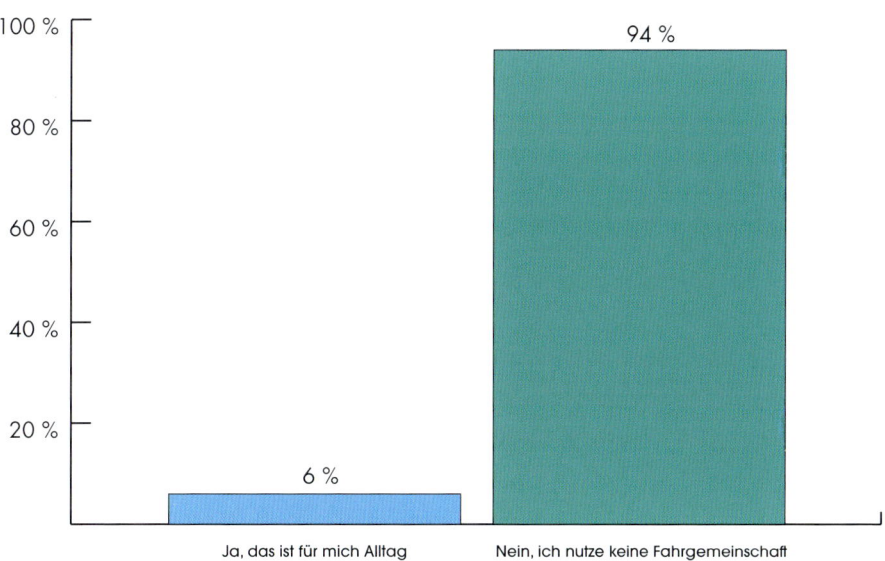

Nur sechs Prozent der Befragten bilden eine Fahrgemeinschaft, die allermeisten sitzen allein im Auto, wenn sie zur Arbeit fahren.

TIPP

Fahrgemeinschaften kann man aber nicht nur mit dem eigenen Pkw bilden. Wenn wir mit Freunden zusammen einen Ausflug planen, mieten wir uns auch gerne mal ein gemeinsames Carsharingauto. Unser stationärer Anbieter hat auch neunsitzige Kleinbusse im Angebot. Damit teilen wir uns dann die Kosten für einen Trip an den Bodensee durch drei Parteien, und die Umweltbilanz ist auch besser als mit drei normalen Pkw.

RIDESHARING UND TAXI

Unter Ridesharing (oder Ridepooling) versteht man taxiähnliche Mitfahrgelegenheiten, die man sich mit anderen Mitfahrern teilt. Das Konzept gibt es eigentlich schon seit den 1970er-Jahren und hieß früher »Rufbus«. Zurzeit gibt es mehrere Anbieter vor allem in Großstädten, die Ridesharing im Testbetrieb anbieten. Über eine App bucht man eine Fahrt. Im Hintergrund wird die Route so berechnet, dass noch andere Mitfahrer mit ähnlichen Routen zusteigen können. Im Gegensatz zum Taxi fährt man also nicht direkt von A nach B, sondern muss unter Umständen ein paar Umwege in Kauf nehmen. Dafür ist die Fahrt aber auch günstiger. Ob Ridesharing-Dienste wirklich zu einer Entlastung des Straßenverkehrs führen, ist unter Experten noch umstritten. Einzelne Dienste kooperieren vor Ort mit dem ÖPNV-Anbieter und versuchen so, Teil eines umweltschonenden integrierten Mobilitätsmixes zu sein. Eine Übersicht mit Mitfahrzentralen und weitere Infos zu Fahrgemeinschaften finden Sie unter diesem Link: einfachautofreileben.de/mfg.

DER ÖFFENTLICHE NAHVERKEHR – ÖPNV

Der öffentliche Nahverkehr, kurz ÖPNV, ist für uns in den letzten Jahren in unserem näheren Umfeld in der Stadt unverzichtbar geworden. ÖPNV ist in Deutschland eigentlich fast immer in sogenannten Verkehrsverbünden organisiert. Man kauft ein Ticket und kann dann damit die unterschiedlichen Transportmittel des Verbundes nutzen, also zum Beispiel Bus, U-Bahn oder Tram- bzw. Straßenbahn. Bei der Wahl des Tickets gibt es meistens zwei grundsätzlich unterschiedliche Möglichkeiten. Einzelfahrscheine sind immer deutlich teurer als Zeitkarten. Je mehr man also S-Bahn und Bus fährt, desto günstiger wird es. Die Tarifgestaltung vieler Nahverkehrsregionen kann auf den ersten Blick leider etwas unübersichtlich wirken. Zwischen verschiedenen Zonen, Ringen, Monats- oder Ausbildungstarifen kann man schon mal den Überblick verlieren. Die Tendenz bei den Anbietern geht dort in den letzten Jahren zwar zur Vereinfachung, aber um ein bisschen Einarbeitung wird man nicht herumkommen. Für die eigene Stadt ist das aber meistens eine einmalige Sache. Man entscheidet sich für ein Ticket, und dem bleibt man in der Regel dann für ein paar Jahre treu und muss sich nicht weiter darum kümmern.

Meine Frau und ich hatten schon immer – auch mit eigenem Auto – ein Jahresabo für den Münchner Verkehrsverbund. Das ist wie eine Netflix-Flatrate. Wir müssen uns keine Gedanken mehr machen, welches Ticket für die nächste Fahrt am günstigsten ist, oder vor einem defekten Fahrkartenautomaten verzweifeln, wenn wir ein Einzelticket kaufen wollen. Wir können einfach immer einsteigen. Würden wir unseren tatsächlichen Bedarf erfassen, könnten wir mit der Nutzung von Streifenkarten oder jahreszeitenabhängigen Monatskarten bestimmt noch ein bisschen Geld sparen. Mit dem Jahresabo kaufen wir uns aber die Freiheit, nicht mehr über dieses Thema nachdenken zu müssen. Wenn wir in fremden Städten unterwegs sind, kaufen wir meistens günstige Mehrtageskarten. Das Gute für Familien am ÖPNV ist, dass die eigenen Kinder bei Zeitkarten fast immer bis zu einem bestimmten Alter kostenlos mitfahren dürfen. Neben der jeweiligen App des lokalen ÖPNV-Anbieters gibt es noch einige deutschlandweit nützliche Apps für den öffentlichen Nahverkehr:

Die **Öffi – Fahrplanauskunft** App ist für Android-Smartphones die beste Möglichkeit für Fahrplanauskünfte im ÖPNV. Neben zahlreichen deutschen Verkehrsverbünden liefert die App auch Verbindungen aus vielen anderen europäischen Ländern.

Der **DB Navigator** hat neben den Zügen der Deutschen Bahn für viele Städte auch die Verbindungen des Nahverkehrs verfügbar. In manchen Städten können sogar Tickets für den ÖPNV innerhalb der App gekauft werden. Für Android und iOS.

Google Maps bzw. Maps integriert neben Auto, Fahrrad- und Fußgängernavigation in vielen Städten auch die Verbindungen des ÖPNV. Für Android und iOS.

HandyTicket Deutschland bietet für alle teilnehmenden Verkehrsverbünde einen einheitlichen Ticketkauf. Für Android und iOS.

Mobility inside ist der Versuch einiger der größten ÖPNV-Verbünde Deutschlands, eine einheitliche ÖPNV-App zur Verfügung zu stellen. Momentan ist die App in einer ersten Testphase. Aktuelle Informationen zur Weiterentwicklung finden Sie unter: einfachautofreileben.de/nahverkehr.

DIE BAHN

Bei einer Umfrage des VCD (Verkehrsclub Deutschland e.V.) zur Zufriedenheit der Kund*innen mit dem Angebot der Deutschen Bahn vergaben die Fahrgäste unter anderem für die Bereiche Pünktlichkeit/Zugausfälle und Höhe der Ticketpreise die eher schlechte Schulnote 3,5. Auf Social-Media-Plattformen wie Facebook und Twitter werden jeden Tag unzählige Beiträge geteilt, in denen verspätete oder komplett ausgefallene Züge, geänderte Wagenreihungen und verstopfte Toiletten vorkommen. Jeder hat wahrscheinlich im Bekanntenkreis mehrere Menschen, die gerne und ausführlich von ihren schlimmsten Bahnerfahrungen berichten. Kurz gesagt: Die Deutsche Bahn hat nicht gerade den besten Ruf und man muss schon ein bisschen masochistisch sein, um gerne und regelmäßig in einen Zug einzusteigen. Aber

ist das wirklich so? Im Fernverkehr schwankt die Pünktlichkeit der Züge in den letzten Jahren leicht. Knapp 75 Prozent der Fernzüge der Deutschen Bahn sind im Durchschnitt pünktlich. Wobei pünktlich bedeutet, dass sie weniger als sechs Minuten Verspätung haben. Ganz ausgefallene Züge werden ebenfalls nicht in die Statistik mit einberechnet. Im Regionalverkehr fällt die Bilanz besser aus. Fast 95 Prozent aller Regionalzüge sind pünktlich.

Keine Frage, die Bahn kann bei der Pünktlichkeit noch vieles verbessern und das Herausrechnen der komplett ausgefallenen Züge schönt mit Sicherheit die Statistik, aber ich finde, es lohnt sich, hier auch auf die Zahlen der Bahn-Alternative zu schauen. Was bei der Bahn ein verspäteter Zug ist, ist im eigenen Pkw der Stau. Der Stau sorgt dafür, dass man später am Zielort ankommt. In den letzten Jahren hat sich die Anzahl der Staukilometern in Deutschland fast jedes Jahr erhöht.

Gesamte Staulänge auf Autobahnen in Deutschland von 2002 bis 2019

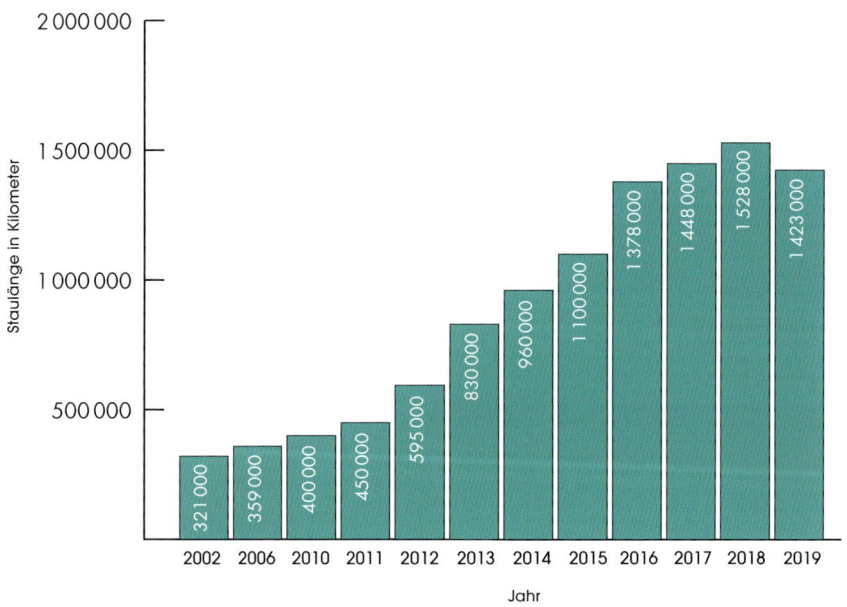

Die Stauentwicklung auf deutschen Autobahnen von 2002 bis 2019 – stetig steigend.

Deutsche Autofahrer stehen im Jahr durchschnittlich 120 Stunden im Stau. In größeren Metropolen sogar 140 Stunden. In der öffentlichen Wahrnehmung wird das aber nur selten thematisiert. Stau gehört zum eigenen Auto irgendwie dazu und wird hingenommen. Klar ist man direkt im Stau stehend auch genervt, aber am Ziel angekommen, vergisst man ihn auch wieder schnell. Niemand erzählt gerne seine schlimmsten Staugeschichten. Wütende Social-Media-Posts von Bahnkunden gibt es unzählige, genervte Tweets direkt aus dem Sommerferien-Massenstau am Brennerpass muss man mit der Lupe suchen. Der Grund dafür ist einfach: Bei der Bahn gibt es einen verantwortlichen Dienstleister, den man für den Missstand ansprechen und benennen kann. Im Stau stehend gibt es sehr viele Verantwortliche, einer davon ist man selbst. Und niemand empört sich gerne über sich selbst.

Es hilft also, die vermeintlich dauerverspätete Bahn einmal im größeren Gesamtzusammenhang zu betrachten. Im Vergleich zu 120 Staustunden sind 75 Prozent pünktliche Fernzüge vielleicht gar nicht so schlecht.

Aber wie sieht es mit den Preisen aus, die viele Bahnkunden in der Umfrage des VCD so schlecht bewerten? Ist Bahnfahren wirklich so viel teurer, als mit dem Auto zu fahren? Viele Wenig-Bahnfahrer, die ich kenne, haben tatsächlich diesen Eindruck. Das liegt meistens daran, dass sie nur sporadisch Bahntickets kaufen, oft sehr kurzfristig vor Fahrtbeginn. Die Bahn gestaltet ihre Preise aber flexibel. Je früher man eine Fahrt bucht, desto mehr Geld spart man. Mit einer BahnCard kann man den Preis dann noch zusätzlich reduzieren. Stiftung Warentest hat in ihrem »Bahn-Check« (einfachautofreileben.de/bahn) ausgerechnet, dass man durch zeitiges Buchen bis zu 87 Prozent des regulären Ticketpreises sparen kann. An einer stichprobenhaft ermittelten Fahrt von Stuttgart nach Berlin wird dies deutlich. Statt regulär 289 Euro zahlen zwei Erwachsene bei dreimonatiger Vorabbuchung und mit BahnCard 25 nur noch 45 Euro. Das sind knapp 85 Prozent Ersparnis.

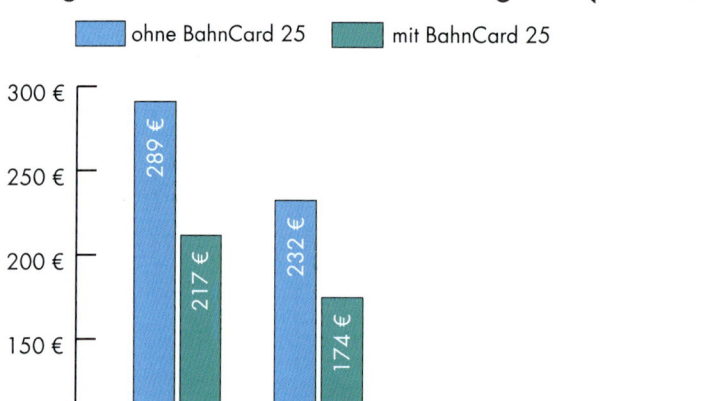

Stuttgart–Berlin mit der Bahn: Preisvergleich (2 Erwachsene)

ohne BahnCard 25   mit BahnCard 25

Das zahlen Sie bei der Bahn – je nachdem, wann Sie buchen.

Und selbst der vermeintlich teuerste Bahnpreis von 289 Euro ist im direkten Preisvergleich mit dem eigenen Pkw und einem Carsharingauto nur unwesentlich teurer.

Bahnfahren wirkt für viele Leute auf den ersten Blick so teuer, weil ganz oft mit dem Ticketpreis nur die reinen Benzinkosten verglichen werden. Nimmt man aber den ehrlich berechneten Preis, den eine Autofahrt kostet, spart eine Bahnfahrt ganz oft viel Geld.

Stuttgart–Berlin (Kilometerpreis für 2 Erwachsene)

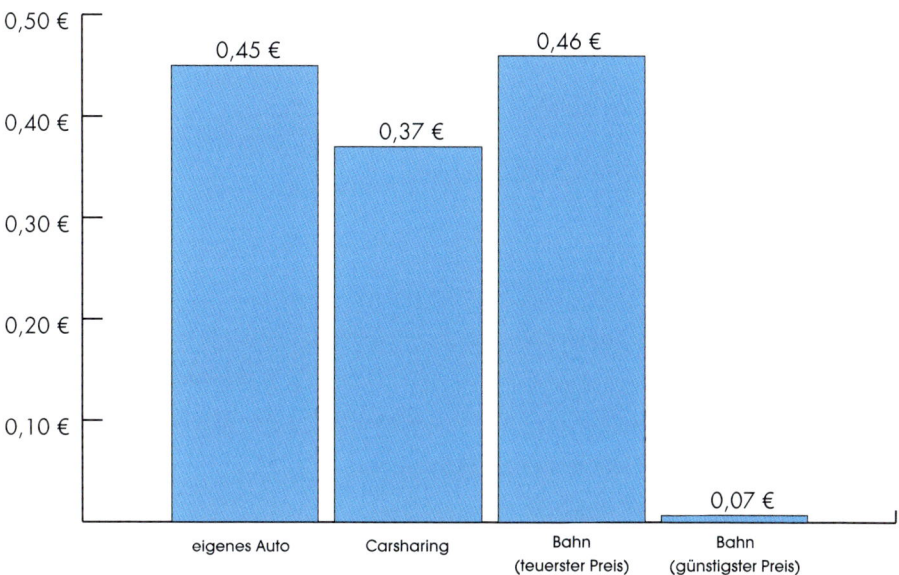

Fahrpreise im Vergleich: mit dem eigenen Auto, mit Carsharingauto, mit der Bahn.

Wir sind im Laufe der letzten Jahre immer mehr zu begeisterten Bahnfahrern geworden. 2014, in unserem ersten Jahr ohne eigenes Auto, fuhren wir noch über 9 000 Kilometer mit dem Carsharingauto und nur 2 000 Kilometer mit der Bahn. 2019 haben wir mit 5 400 Kilometern zum ersten Mal mehr Strecken mit der Bahn als mit dem Auto – nur 4 600 Kilometer – zurückgelegt. Natürlich haben wir auch schon verspätete und überfüllte Züge erlebt oder neben uns saßen nervige Mitfahrer mit voll aufgedrehten Bluetooth-Boxen. Aber diese negativen Erlebnisse sind im Vergleich zu den erfolgreich, pünktlich und angenehm verlaufenen Fahrten eindeutig in der Minderzahl. Bahnfahren ist für längere Strecken, mit guter Anbindung, die komfortabelste Reisemöglichkeit, die ich kenne. Unsere Kinder, die beim Verkauf unseres Autos noch traurig waren, sind mittlerweile größere Bahnfans als wir selbst. Mit den folgenden Tipps nutzen Sie die Bahn optimal, sparen Geld und schonen nebenbei noch die Umwelt.

Welche Tickets bietet die Bahn an?

Die Bahn passt die Tarife für einzelne Verbindungen flexibel an. Je früher man bucht, desto günstiger ist die Fahrt. Bucht man an einem Reisetag mit hoher Auslastung, also Feiertage oder Freitag bis Sonntag, wird es teurer. Unter der Woche ist es meistens billiger. Mit diesem System versucht die Bahn, ihre Züge besser auszulasten. Dafür gibt es aktuell drei Preisklassen, die Vor- und Nachteile haben. Hinter dem sogenannten Flexpreis verbirgt sich eigentlich der reguläre Fahrpreis, der es erlaubt, an einem bestimmten Tag einen beliebigen Zug zu nehmen. Bei den beiden Sparpreisen bindet man sich an einen bestimmten Zug. Das City-Ticket gilt zusätzlich in über 100 deutschen Städten und ermöglicht es, am Ankunftsort noch mit dem ÖPNV weiter bis zum eigentlichen Ziel zu fahren.

DAS PREISSYSTEM BEI DER BAHN – VOR- UND NACHTEILE DER VERSCHIEDENEN KATEGORIEN		
Super-Sparpreis	Sparpreis	Flexpreis
• Zugbindung • Keine Stornierung möglich • Kein City-Ticket	• Zugbindung • Stornierung möglich • City-Ticket enthalten	• Freie Zugwahl am Reisetag • Stornierung möglich • City-Ticket enthalten

Im Nahverkehr bietet die Bahn günstige Pauschaltickets an, mit denen man meistens einen Tag lang beliebige Strecken mit dem Regionalzug zurücklegen kann. Deutschlandweit gibt es das Quer-durchs-Land-Ticket (ab 42 Euro). In den einzelnen Bundesländern werden Länder-Tickets angeboten, mit denen man einen Tag lang innerhalb des Bundeslandes im Nahverkehr reisen kann. Bei diesen Angeboten können sich bis zu fünf Personen ein Ticket teilen. Eigene Kinder und Enkel fahren bis zum vollendeten 14. Lebensjahr kostenlos mit. Bei den meisten dieser Tickets muss man vor Fahrtantritt die mitreisenden Personen namentlich eintragen. Die Bahn will damit eine Weitergabe der Tickets nach beendeter Fahrt verhindern. Zusätzlich gibt es in einigen Regionen noch weitere Spezialangebote und private regionale Bahnanbieter haben ebenfalls Pauschaltickets im Angebot. Eine Übersicht mit allen Angeboten finden Sie auf: einfachautofreileben.de/bahn.

Noch mehr Tipps für günstige Bahntickets

▶ Kinder fahren bis zum vollendeten 14. Lebensjahr in Begleitung von Eltern oder Großeltern kostenlos mit. Ab dem sechsten Lebensjahr müssen die Kinder bei der Buchung mit angegeben werden. In anderer Begleitung oder allein reisend zahlen sie nur den halben Preis.

▶ Wenn Sie mit sechs oder mehr Mitreisenden unterwegs sind, lohnt sich oft ein Gruppenticket.

▶ Bei der Onlinebuchung ist standardmäßig die Option »schnellste Verbindung« aktiviert. Wenn Sie diese entfernen, erhalten Sie für manche Strecken günstigere Angebote, bei denen die Fahrtzeit nur unwesentlich länger ist.

❱ Neben der normalen Onlinebuchung gibt es noch einen eigenen Sparpreisfinder, mit dem Sie gezielt nur nach Sparpreisen suchen können: einfachautofreileben.de/bahn.

❱ Manchmal ist ein Sparpreisangebot für die erste Klasse nur geringfügig teurer als das 2.-Klasse-Angebot. Gönnen Sie sich in so einem Fall die erste Klasse und reisen Sie noch entspannter. Bei der Onlinebuchung werden solche günstigen 1.-Klasse-Angebote meistens neben den anderen Preisen mit angezeigt.

❱ Buchen Sie bei einem Sparpreis-Ticket Hin- und Rückfahrt getrennt. Wenn Sie die Hinfahrt bereits gemacht haben und Sie die Rückfahrt aus unvorhersehbaren Gründen nicht antreten können, können Sie das Rückfahrticket nur stornieren, wenn es nicht in einem Paket mit der Hinfahrt gebucht wurde.

❱ Sammeln Sie als Bahncard-Kunde BahnBonus-Punkte. Diese kann man gegen Reisegutscheine oder 1.-Klasse-Upgrades eintauschen.

❱ Abonnieren Sie den Newsletter der Deutschen Bahn. Dort gibt es immer wieder Gutscheine und Rabattaktionen: einfachautofreileben.de/bahn.

❱ Supermarktdiscounter und andere Anbieter haben immer mal wieder vergünstigte Bahntickets im Angebot. Teilweise dienen diese aber auch als Lockmittel für ein Probeabo des jeweiligen Anbieters. Eine aktuelle Übersicht solcher Angebote findet man bei den großen Schnäppchenportalen im Internet.

Welche BahnCard passt zu mir?

Mit einer BahnCard erhält man noch zusätzliche Ermäßigung auf den Ticketpreis. Wenn Sie die Bahn regelmäßig nutzen, empfiehlt sich auf jeden Fall eine BahnCard. Die Bahn hat aktuell drei verschiedene Varianten im Angebot (alle Preise in der Übersicht gelten für die zweite Klasse).

DIE BAHNCARD-MODELLE DER BAHN UND IHRE VERGÜNSTIGUNGEN		
BahnCard 25	BahnCard 50	BahnCard 100
55,70 €	229 €	3 952 €
25 % Rabatt auf Flexpreise und Sparpreise	50 % Rabatt auf Flexpreise, 25 % Rabatt auf Sparpreise	Unbegrenzte Fahrten innerhalb Deutschlands
Partnerkarte ermäßigt: 36,90 €	Partnerkarte ermäßigt: 114 €	Wahlweise eine BahnCard 25 oder BahnCard-50-Partnerkarte

Für Schwerbehinderte, Jugendliche, Auszubildende und Rentner gibt es noch mal vergünstigte BahnCard-Angebote.

BahnCard 100

Die BahnCard 100 ist die Rundum-sorglos-Flatrate. Damit kann man jederzeit in jeden beliebigen Zug innerhalb Deutschlands einsteigen und beliebig lang fahren. Darin enthalten ist auch die unbegrenzte Nutzung des City-Tickets, mit dem man in über 100 deutschen Städten beliebig oft den öffentlichen Nahverkehr nutzen kann. Sie lohnt sich nur für Vielfahrer, die im Jahr mehr als 4000 Euro für Bahnfahren und ÖPNV ausgeben.

BahnCard 50 versus BahnCard 25

Für den durchschnittlichen Bahnnutzer heißt es meistens, die Auswahl zwischen BahnCard 25 und BahnCard 50 zu treffen. Die BahnCard 25 ist wesentlich günstiger als die BahnCard 50 und die BahnCard 50 bietet lediglich auf die regulären Flexpreise die vollen 50 Prozent Rabatt, bei den Sparpreisen sind es dort ebenfalls nur die 25 Prozent, die man auch mit der BahnCard 25 erhält.

In den meisten Fällen empfiehlt es sich deshalb, eine BahnCard 25 zu kaufen und diese durch geschickte Kombination mit Sparpreisen zu nutzen. Wer es genauer wissen will, kann sich mit den BahnCard-Rechnern der Bahn und des VCD online beraten lassen (einfachautofreileben.de/bahn).

Beide BahnCards gibt es auch als günstigere Probe-Bahncard, die drei Monate gültig ist. Damit kann man erst mal ausprobieren, ob sich die jeweilige Karte bewährt.

Lohnt sich eine Sitzplatzreservierung wirklich?

Sitzplätze kann man bei der Bahn sowieso nur im Fernverkehr, also in ICEs oder IC-/EC-Zügen, reservieren. Im Regionalverkehr gibt es keine Reservierungsmöglichkeit. Eine Reservierung kostet zusätzlich zum Ticketpreis noch mal 4,00 Euro (2. Klasse) pro Person, eine Familienreservierung 8,00 Euro. Ob sich eine Reservierung lohnt, hängt von der Auslastung des Zuges und der Anzahl der Reisenden ab. Zu Beginn unserer Bahnfahrerkarriere waren wir bei jeder Fahrt immer noch skeptisch und fanden die zusätzlichen Kosten nur für einen garantierten Sitzplatz total überteuert und unnötig. Im Laufe der Zeit haben wir gemerkt, dass die Reisekosten mit dem Zug durch die geschickte Nutzung von Sparpreisen eigentlich total günstig sind, und fanden es dann irgendwann etwas kleinlich, uns über zusätzliche 4 Euro aufzuregen.

Wenn wir heute als Familie unterwegs sind, reservieren wir immer Sitzplätze. Wir müssen mit einer Reservierung nie unnötig früh zum Bahnhof hetzen, um noch freie Plätze zu ergattern, wir können einfach als Letzte in den Zug steigen und haben trotzdem unseren gemeinsamen Familientisch. Die Reise beginnt damit schon mal stressfrei. Für Kinder bis zum vollendeten 14. Lebensjahr sind keine Reservierungsgebühren zu zahlen. Für Familien und größeren Gruppen sind Sitzplatzreservierungen also auf jeden Fall zu empfehlen. So bekommen Sie auch ohne Reservierung noch einen Sitzplatz:

▸ Seien Sie früh am Bahnsteig. Manche Fernzüge stehen vor der Abfahrt länger am Gleis. Je früher Sie einsteigen, desto eher finden Sie einen freien Platz.

▸ Das Bahnsystem belegt die Sitzplatzreservierungen (angeblich) immer beim Bordrestaurant beginnend. Steigen Sie also in einen Wagen ein, der davon so weit wie möglich entfernt ist. Dort gibt es dann noch eher freie Plätze.

▸ Sitzplatzreservierungen verfallen nach 15 Minuten. Mit ein bisschen Abwarten wird also vielleicht noch was frei.

▸ Auf der Reservierungsanzeige stehen meistens Start- und Zielort der Reservierung. Manche Plätze sind vielleicht erst dann reserviert, wenn Sie schon wieder aussteigen.

▸ Es gibt in vielen Fernzügen sogenannte BahnComfort-Plätze. Das sind Plätze für viel fahrende Teilnehmer*innen des BahnBonus-Programms. BahnComfort-Kund*innen dürfen sich ohne Sitzplatzreservierung auf die markierten Plätze setzen. Oft bleiben diese aber leer, dann dürfen sie von jedem genutzt werden.

Was passiert, wenn mein Zug Verspätung hat?

Verspätete Züge sind natürlich ein Ärgernis. Anders als bei einem Stau gibt es bei der Bahn aber Entschädigung für die verlorene Zeit. Verspätet sich ein Zug länger als 20 Minuten, entfällt bei Sparpreis-Tickets die Zugbindung. Verpassen Sie also aufgrund einer 20-minütigen Verspätung Ihren Anschlusszug, können Sie ab dann in jeden beliebigen Zug einsteigen, der Sie an Ihr Ziel bringt.

Bei einer Verspätung, die größer als eine Stunde ist, erhalten Sie den Fahrpreis zurück. Vor der Erstattung steht aber noch das berüchtigte »Fahrgastrechte-Formular«. Sagen wir mal so: Man merkt dem Formular an, dass es nicht gerade oberste Priorität der Bahn ist, die Kostenerstattung so angenehm wie möglich zu machen. Sie sollten sich bei einer größeren Verspätung bereits im Zug oder spätestens am Zielbahnhof eine schriftliche Bestätigung beim Bahnpersonal holen. Das Fahrgastrechte-Formular erhalten Sie an jedem Bahnschalter oder am einfachsten auf der Website der Bahn als Download (einfachautofreileben.de/bahn). Wenn Sie es ausgefüllt haben, schicken Sie es zusammen mit der Verspätungsbescheinigung per Post an die Bahn oder geben es direkt an einem Bahnschalter ab. Die Bearbeitung dauert meistens einen Monat.

Rund um das Fahrgastrechte-Formular sind in den letzten Jahren verschiedene Dienstleister entstanden, die es einfacher machen wollen, an die Rückerstattung zu kommen. Per App oder Webformular gibt man dort die Zugverbindung ein und lädt das Ticket hoch. Der Dienstleister kümmert sich dann um die restliche Abwicklung. Bei den meisten Anbietern zahlt man eine kleine, anteilige Gebühr, muss aber auch bis zu einem Monat auf das Geld warten. Andere Anbieter kaufen Verspätungen quasi auf. Der Kaufpreis, den man als Kunde erhält, liegt natürlich unter dem vollständigen Erstattungsbetrag, dafür erhält man das Geld aber auch sofort. Eine Liste mit Anbietern finden Sie unter einfachautofreileben.de/bahn.

NACHTZUG

Die Deutsche Bahn hat vor einigen Jahren ihre Nachtzüge wegen mangelnder Rentabilität komplett aufgegeben. Die Österreichische Bundesbahn (ÖBB) hat Teile der Züge übernommen, in neue Züge investiert und bietet unter der Marke Nightjet europaweite Nachtzugverbindungen an. Das Geschäft scheint mittlerweile so gut zu laufen, dass sogar die Deutsche Bahn wieder überlegt, mit einzusteigen. Moderne Nachtzüge bieten unterschiedliche Komfortstufen an. Vom Einzelschlafwagen bis zum sechssitzigen Gemeinschaftsabteil ist für jeden Geldbeutel etwas dabei. Der große Vorteil am Nachtzug: Man nutzt die Zeit, in der man schläft, um vorwärtszukommen. Auf einer Urlaubsreise spart ein Nachtzug eine Hotelübernachtung. Steigt man in München um 20:00 Uhr in den Nachtzug, kann man morgens um 10:00 Uhr in Rom den ersten Espresso trinken. In Berlin um 19:00 Uhr einsteigen und am nächsten Morgen in Budapest aufwachen? Der Nachzug macht es möglich. Neben der ÖBB bieten noch weitere europäische Eisenbahngesellschaften Nachtzugverbindungen an. Eine Übersicht finden Sie auf einfachautofreileben.de/bahn.

Barrierefrei mit der Bahn unterwegs

Die Bahn bietet für Kund*innen mit Einschränkungen verschiedene Hilfestellungen an. Mitarbeiter*innen der Bahn unterstützen Sie auf Wunsch bereits bei der Buchung der Fahrt und später dann auch am Bahnsteig. Zentraler Ansprechpartner für eine barrierefreie Zugfahrt ist die Mobilitätsservice-Zentrale der Bahn, die per Telefon und online erreichbar ist (einfachautofreileben.de/bahn).

Geheimtipp: ICE-Lounge

In manchen ICE-Zügen gibt es spezielle Sitzreihen direkt im Triebwagen. Dort sitzt man erhöht und hat durch eine Glasscheibe direkten Einblick in die Fahrerkabine und die vorausliegende Strecke. Diese Plätze können ganz normal bei einem Ticketkauf reserviert werden. Allerdings sind sie sehr begehrt und man hat auch keine Garantie, dass der Fahrer nicht den Blickschutz aktiviert. Genauere Infos dazu finden Sie unter einfachautofreileben.de/bahn.

DIE APPS DER DEUTSCHEN BAHN, DIE IHNEN DIE FAHRT ERLEICHTERN

Der **DB Navigator** ist die wichtigste App für Bahnreisende. Mit der App kann man unter anderem HandyTickets kaufen, Verbindungen suchen, sich über Änderungen in der Wagenreihung und Verspätungen informieren. Außerdem bezieht die App in vielen Städten und Regionen bei der Verbindungssuche auch den lokalen ÖPNV mit ein.

Der **DB Streckenagent** richtet sich vor allem an Pendler. Die App informiert in Echtzeit über Verspätungen und Zugausfälle. Man kann dort mehrere Strecken abonnieren und bleibt so immer auf dem Laufenden.

DB Barrierefrei bietet Hilfe und Informationen für Bahnkunden mit Einschränkungen. Sie zeigt unter anderem an, welche Aufzüge und Rolltreppen es gibt und ob sie einsatzbereit sind. Außerdem gibt sie wichtige Informationen und Durchsagen am Bahngleis zur aktuellen Reise als Textnachricht aus.

Kinder bekommen in den meisten ICE-Bordrestaurants einen kleinen Spielzeug-ICE geschenkt. Passend dazu gibt es die schön gestaltete App **Der kleine ICE 3D** (für iOS). Damit können die Kinder ihre eigene ICE-Strecke bauen oder auf Entdeckungsreise durch den Zug gehen.

> **INTERVIEW:**
> Tom ist 47 Jahre alt, lebt und arbeitet in Köln.

Hattest du schon mal ein eigenes Auto?

Ich hatte noch nie ein eigenes Auto. Nur kurz nachdem ich mit 19 meinen Führerschein gemacht hatte, bin ich bei meinen Eltern zu Hause auf dem Land ein bisschen mit deren Auto herumgefahren. Zwischendurch bin ich während des Studiums noch sporadisch mit dem Auto eines Freundes gefahren. Danach habe ich nie wieder ein Auto gesteuert. Bis heute. Carsharing nutze ich auch nicht. Ich will einfach nicht mehr selbst fahren.

Wie kommst du voran?

In Köln bin ich zu Fuß, mit dem Rad oder dem ÖPNV unterwegs. Meine Einkäufe erledige ich meistens mit dem Rad auf dem Weg von oder zur Arbeit. Der Wochenmarkt ist direkt um die Ecke. In seltenen Fällen, wenn ich sehr viel zu transportieren habe, greife ich auf mein soziales mobiles Netzwerk zurück und Freunde oder Nachbarn helfen mir.

Und wie machst du es innerhalb Deutschlands?

Bahn! Immer Bahn. Ich habe seit zwei Jahren die BahnCard 100 und bin sehr begeistert. Darin enthalten ist auch der öffentliche Nahverkehr in anderen Städten. Ich bin beruflich und ehrenamtlich sehr viel unterwegs und meine Freunde und Freundinnen sind überall in Deutschland verteilt. Ich liebe es, sie mit der Bahn zu besuchen.

Und kommst du damit auch in kleinere, ländliche Gebiete?

Ich bin eher selten im ländlichen Raum unterwegs. Falls doch, komme ich dort eigentlich immer auch noch mit der Bahn hin. Vor Ort laufe ich dann entweder zu Fuß, falls möglich, oder greife wieder auf mein soziales Netzwerk zurück. Sprich: Ich lasse mich abholen.

Lohnt sich die BahnCard 100 für dich?

Ich habe mir das am Anfang grob durchgerechnet. Wenn ich es ganz genau nehmen würde, zahle ich finanziell vielleicht ein bisschen drauf. Aber das Geld ist ja nicht der einzige Faktor. Durch die Bahn-Card 100 fahre ich mehr, als ich normal fahren würde. Und das ist schön, weil mir das Fahren und die Besuche in anderen Städten Spaß machen. Dazu ist es wahnsinnig komfortabel. Ich muss mich nicht in jeder Stadt mit dem dortigen Nahverkehrssystem auseinandersetzen, die unzähligen, teils schlecht programmierten ÖPNV-Apps herunterladen oder Kleingeld für ein Ticket am Automaten zusammensuchen. Ich habe einfach ein Ticket für alles. Alleine das spart mir schon so viel Zeit und gibt mir Lebensfreiheit. Ich kann mich jederzeit in einen Zug setzen und losfahren. Wann immer ich will!

Wie machst du es im Ausland? Wenn du in den Urlaub fährst?

Vor ein paar Jahren bin ich im Rahmen eines Forschungssemesters mal drei Monate durch 38 skandinavische Städte gereist. Das ging bis auf drei Ausnahmen sehr gut mit Bus und Bahn. Flüge versuche ich, soweit möglich, immer zu vermeiden. Wenn ich zum Beispiel Freundinnen in London besuche, nehme ich von Köln aus immer die Bahn. Das ist viel komfortabler und günstiger.

Hast du ein eigenes Auto jemals vermisst?

Nein. Aber mein Ex-Freund ist Keramikkünstler und mit ihm bin ich immer lange Strecken zu Keramikmärkten als Beifahrer gefahren. Ich hätte ihn gerne der Fairness halber am Steuer ab und zu abgelöst. Aber ich habe mittlerweile so wenig Fahrpraxis, dass ich mir das nicht mehr zutraue.

Was sind deiner Meinung nach Vorteile, kein Auto zu besitzen?

Ich muss mich nicht drum kümmern. Es ist ja immer was kaputt. Und die ewige Parkplatzsuche in den Städten. Da sehe ich bei Freunden, wie ätzend das ist. Außerdem ist es im Straßenverkehr total anstrengend. Das stresst mich schon als Beifahrer.

FERNBUS

Mit dem Bus ist man in Deutschland lange Zeit nur in Vereinsstärke verreist. Schulaus-
flüge, Jahresfahrt des Kegelklubs oder zweifelhafte Fahrten für Rentner, bei denen zusätzlich noch Heizdecken verkauft werden. In einen Bus stieg man nur, wenn es davor
jemand organsiert hatte. Busverkehr nach festem Fahrplan gab es nur im Nahverkehr.
Während es in vielen anderen Ländern schon seit Jahrzehnten ganz normal war, auch

Fernbus

lange Strecken mit dem Bus und nach einem festen Fahrplan als Einzelreisender zurückzulegen, sind Fernbusse in Deutschland flächendeckend erst seit 2013 im Einsatz.
Bis dahin war es Fernbusanbietern nicht erlaubt, auf Strecken zu fahren, die der Bahn
direkt Konkurrenz machten. Erst mit Aufhebung dieses Verbotes starteten die ersten großen Anbieter ihre Busse. Mittlerweile hat sich der Fernbusmarkt etabliert und
auch bereinigt. Die anfänglichen Kampfpreise haben zu mehreren Unternehmensfu-
sionen geführt. Es gibt aktuell mit FlixBus einen großen Anbieter in Deutschland und
zahlreiche kleinere Nischenanbieter, die auch entferntere Ziele im europäischen Ausland bedienen. Plätze im Fernbus bucht man wie bei der Bahn bequem über App oder
Internet. Nicht immer sind Sitzplatzreservierungen möglich und man muss dann den
Sitz nehmen, der noch frei ist. Familien, die gerne zusammensitzen möchten, müssen
sich unter Umständen auf eine getrennt sitzende Fahrt einstellen. Die Fernbushalte-
stellen liegen auch sehr unterschiedlich in den einzelnen Orten. Manchmal sehr zen-
tral an einem gut angebunden Omnibusbahnhof, manchmal aber auch irgendwo am
Ortsrand, in einem Industriegebiet oder sogar an einer Autobahnraststätte. Vor einer
Buchung sollte man auf jeden Fall prüfen, wie man am Zielort weiterkommt. Aufgrund der niedrigen Ticketpreise sind Fahrten mit dem Fernbus oft eine kostengüns-
tige Alternative zur Bahn. Beim Komfort muss man dafür ein paar Abstriche machen.
Ein Reisebus ist beengter als ein ICE, Bustoiletten sind alles andere als einladend und
ein kleiner Spaziergang zwischendurch ist auch nicht möglich. Dafür hat der Fernbus
die beste Umweltbilanz aller Verkehrsmittel, noch besser als die Bahn. Das liegt vor
allem daran, dass die Auslastung dort meistens deutlich höher ist.

Eine Übersicht und weitere Tipps zum Reisen mit dem Fernbus finden Sie auch unter
einfachautofreileben.de/fernbus.

INTERVIEW:
Benjamin ist 39 Jahre alt und lebt mit seinem Freund in Berlin.

Hast du einen Führerschein?

Nein, ich habe keinen Führerschein. Ich bin in den Niederlanden aufgewachsen. Das ist ein sehr kleines Land. Man erreicht in den Niederlanden die meisten Orte sehr gut mit der Bahn oder dem ÖPNV. Als Student bekommt man eine Karte, mit der man den ÖPNV und die Bahn zu bestimmten Zeiten kostenlos nutzen kann. Außerdem sind die Niederlande ein totales Fahrradland. Man merkt dort sofort, wie der Radverkehr ganz anders fließt und bevorzugt wird. Als ich nach Berlin gezogen bin, habe ich das dann so beibehalten. Mein Hauptverkehrsmittel dort ist weiterhin das Fahrrad. Auch wenn Radfahren hier viel stressiger und unübersichtlicher ist. Mit dem Fahrrad kommt man auf jeden Fall am schnellsten voran. Im Winter kaufe ich mir ein Monatsticket für den ÖPNV. Einkäufe und Besorgungen kann ich zum Glück größtenteils fußläufig erledigen. Bei größeren Transporten helfen mir meine Geschwister, die alle einen Führerschein haben, und wir mieten uns dann ein Auto.

Mittlerweile denke ich aber tatsächlich darüber nach, doch noch den Pkw-Führerschein zu machen, weil ich manchmal Ausflüge in sehr abgelegene ländliche Gebiete mache, wo man eigentlich nur mit dem Auto hinkommt. Bisher muss ich dafür auf meine Freunde und meine Geschwister zurückgreifen, die Führerscheine haben. Gerade auch bei längeren Fahrten in den Urlaub könnte ich die dann auch mal entlasten und das Steuer übernehmen.

Wenn du dann einen Führerschein hast, willst du dir ein Auto kaufen?

Nein, dann werde ich Carsharing nutzen. Da gibt es in Berlin genügend Anbieter. Außerdem kenne ich noch viele Leute mit einem Auto, das ich mir ausleihen kann.

Wie bist du innerhalb Deutschlands unterwegs?

Wenn ich innerhalb von Deutschland reise, nehme ich meistens den Fernbus oder die Bahn. Da vergleiche ich immer die Preise. Fernbusse kann man meistens spontaner buchen und sie sind günstiger als die Bahn. Eine echte BahnCard habe ich zwar nicht, aber manchmal hol ich mir für drei Monate eine günstige Probe-Bahncard, wenn ich weiß, dass ich in dem Zeitraum viel unterwegs sein werde.

Und wenn du Urlaub machst?

Innerhalb Europas finde ich es mit der Bahn noch zu kompliziert und teuer. Meistens fliege ich dann. Vor Ort nutze ich dann aber meistens die Bahn und den ÖPNV. Dank Google Maps kommt man auch im Ausland in fremden Verkehrssystemen gut zurecht und entgegen gängiger Vorurteile funktioniert der Nahverkehr zum Beispiel in südlichen Urlaubsländern Europas durchaus zuverlässig.

Vermisst du es manchmal, ein Auto zu besitzen?

Ich habe ja noch nie eines besessen. Ich stelle mir aber vor, dass so ein eigenes Auto irgendwie schon eine gewisse persönliche Freiheit ermöglicht. Da ich aber diese vorgestellte Freiheit noch nie hatte, kann ich sie auch nicht vermissen.

FAHRRAD

Neben dem ÖPNV ist das Fahrrad in den letzten Jahren zu unserem wichtigsten Fortbewegungsmittel innerhalb unserer Stadt geworden. Egal ob die Fahrt zur Arbeit, zum Einkaufen oder für Kindertransporte. Mit dem Rad erreichen wir in München zügig und flexibel all unsere Ziele.

Das Umweltbundesamt schätzt, dass in Ballungsräumen und Städten bis zu 30 Prozent der Pkw-Fahrten auch mit dem Fahrrad bewältigt werden könnten. Neben dem Zu-Fuß-Gehen ist das Fahrradfahren im nahen Umfeld das umweltfreundlichste Fortbewegungsmittel. Einige Vorteile des Radfahrens liegen auf der Hand, andere sieht man erst auf den zweiten Blick.

Schnell

Radfahrten bis fünf Kilometer sind laut einer Statistik des Umweltbundesamtes im Durchschnitt schneller als die vergleichbare Fahrt mit dem Pkw, bei dem Stau und Parkplatzsuche dazukommen. Bei E-Bikes und Pedelecs erhöht sich diese Strecke auf fast zehn Kilometer. Gleichzeitig sind 40 bis 50 Prozent der Autofahrten in deutschen Großstädten nicht länger als ebendiese fünf Kilometer.

Das bedeutet zum einen, dass sehr viele Autofahrer in Städten länger unterwegs sind, als sie eigentlich müssten, und zum anderen, dass es hier ein riesiges Potenzial gibt, individuellen Pkw-Verkehr durch umweltfreundlichen Radverkehr zu ersetzen.

Wegevergleich von Tür zu Tür im Stadtverkehr

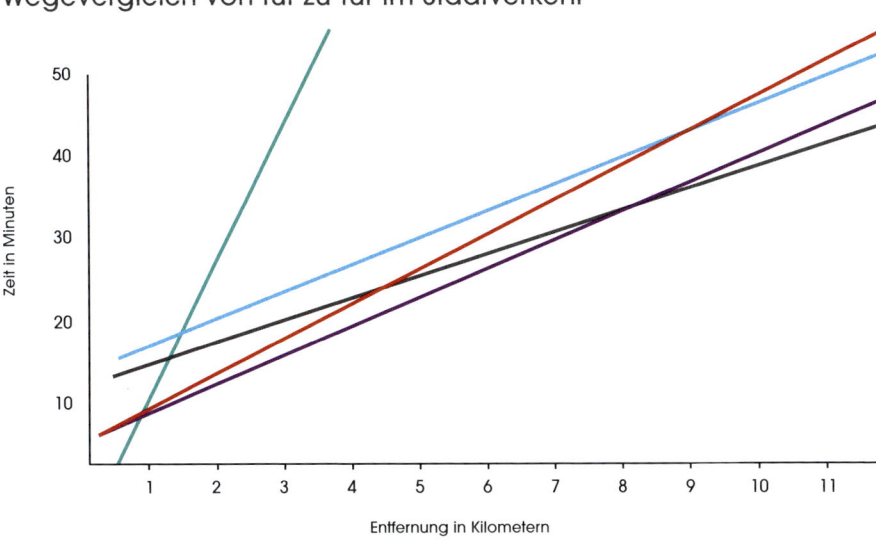

Jedem Verkehrsmittel wurden Durchschnittsgeschwindigkeiten zugrunde gelegt.

Für kurze Strecken von ein paar wenigen Kilometern ist das Rad das schnellste Fortbewegungsmittel.

Gesund

Radfahren ist gesund. Wer sich täglich mindestens 30 Minuten bewegt, verringert das Risiko für Übergewicht und daraus resultierende Herz-Kreislauf-Erkrankungen, Diabetes oder zu hohen Blutdruck. Auch die möglichen Gesundheitsrisiken des Radfahrens, wie zum Beispiel das Einatmen von Feinstaub und Schadstoffen, oder das erhöhte Unfallrisiko verringern die positiven Effekte laut einer Studie der Universität

Utrecht nur minimal. Regelmäßiges Radfahren kann die Lebenserwartung zwischen 3 und 14 Monaten verlängern, das Einatmen von Feinstaub und das Risiko, einen schweren Unfall zu erleiden, verringern die Lebenserwartung laut derselben Studie nur um 1 bis 40 Tage.

Umweltfreundlich

Radfahren schont die Umwelt. Bei einer Fahrt mit dem Rad wird kein CO_2, kein Stickoxid und kaum Feinstaub erzeugt. Fahrräder verursachen keinen Lärm (abgesehen von der gelegentlichen Nutzung der Fahrradklingel) und Fahrräder benötigen viel weniger Platz. Auf einem Pkw-Parkplatz kann man acht bis zehn Fahrräder abstellen. Mehr Fahrräder und weniger Pkws steigern die Lebensqualität in den Städten deutlich.

Günstig

Radverkehr ist viel günstiger als Pkw-Verkehr. Natürlich kostet ein Rad auch Geld. Anschaffung, Unterhalt und Ausrüstung müssen bezahlt werden. Der durchschnittliche Kilometerpreis bei einem Fahrrad liegt laut Umweltbundesamt aber nur bei 10 Cent. Bei einem eigenen Pkw liegen die Kilometerkosten zwischen 40 und 140 Cent (wie Sie Ihre persönlichen Pkw-Kilometerkosten ausrechnen, habe ich im vorangehenden Kapitel ausführlich erklärt). Und auch für die Allgemeinheit spart Radfahren Geld. Radwege sind viel günstiger im Unterhalt als vierspurige Straßen und die externen Folgekosten des Radverkehrs sind viel geringer als die des Pkw-Verkehrs.

Es gibt also viele gute Gründe, auf das Fahrrad umzusteigen. Los geht's!

Wie finde ich das richtige Rad für mich?

In Deutschland gibt es knapp 75 Millionen Fahrräder. Höchstwahrscheinlich besitzen Sie also auch schon eins. Vielleicht steht Ihr Fahrrad aber schon eine Weile im Keller und rostet vor sich hin, die Gangschaltung ist kaputt oder der Reifen platt? Wenn Sie ab jetzt regelmäßig Strecken mit dem Rad zurücklegen wollen und Ihr alter Drahtesel nicht mehr sinnvoll repariert werden kann, brauchen Sie ein neues Rad, das Ihren Bedürfnissen entspricht.

Die wichtigste Radkauf-Regel vorab: Investieren Sie in die Auswahl eines geeigneten Fahrrades genauso viel Sorgfalt, Zeit und Geld, wie Sie es für ein Auto machen würden. Das Rad wird ab jetzt eines Ihrer wichtigsten Fortbewegungsmittel im Alltag. Entsprechend robust, bequem und zuverlässig muss es sein. Bei einem Auto kaufen Sie nicht das billigste Fahrzeug mit der schlechtesten Pannenstatistik? Dann Finger weg von günstigen Fahrradschnäppchen aus dem Baumarkt oder vom Lebensmitteldiscounter um die Ecke. Sie sind nur auf den ersten Blick günstig, schlagen aber schon bald mit erhöhten Reparaturkosten zu Buche.

Beim Autokauf lesen Sie vorher Vergleichstests und fragen Freunde nach Ihren Erfahrungen? Informieren Sie sich genauso ausführlich vor dem Kauf eines neuen Fahrrads. Sie fahren ein neues Auto vorher Probe und wollen gerne eine zuverlässige Vertragswerkstatt? Kaufen Sie Ihr neues Fahrrad nur im Fachhandel. Dort bekommen Sie eine fachkundige Ergonomieberatung, können vor dem Kauf eine Runde drehen und haben für die jährlichen Servicetermine einen zuverlässigen Partner direkt vor Ort.

Es gibt mittlerweile eine große Anzahl an unterschiedlichen Fahrradtypen. Vom sportlichen Rennrad über das praktische City-Bike bis hin zum Lastenrad. Der Allgemeine Deutsche Fahrrad-Club (ADFC) bietet auf seiner Webseite viele praktische Tipps, um das richtige Fahrrad zu finden: einfachautofreileben.de/fahrrad.

Leihen, Leasen, Fördergelder

Man muss ein Fahrrad nicht unbedingt selbst kaufen, man kann sich die Anschaffung zumindest teilweise finanzieren lassen. In vielen Städten gibt es Bikesharing-Anbieter. Nach dem Free-Floating-Prinzip kann man sich bequem per App ein am Straßenrand stehendes Leihrad buchen und am Ziel einfach wieder abstellen. In vielen Fällen kooperieren diese Anbieter mit dem lokalen ÖPNV und sorgen damit für einen umweltfreundlichen Verkehrsverbund der verschiedenen Verkehrsmittel.

Beim Fahrrad-Abo leiht man sich ein Fahrrad für einen längeren Zeitraum aus. Im Gegensatz zum Bikesharing ist man für den Abo-Zeitraum der alleinige Nutzer des Rads und stellt es auch ganz normal, wie ein eigenes Rad, bei sich zu Hause ab. Wartung und Reparatur übernimmt der Anbieter. Das Abo ist dabei meistens flexibel zum Monatsende kündbar. Oft stehen neben normalen Rädern auch E-Bikes zur Verfügung. Fahrrad-Abos sind eine sehr gute Möglichkeit, um erst mal auszuprobieren, ob das mit der täglichen Fahrt zur Arbeit eine gute Idee ist, ohne gleich in ein teures E-Bike zu investieren. Wie beim klassischen Dienstwagen gibt es seit einigen Jahren für Arbeitgeber auch die Möglichkeit, ihren Angestellten ein subventioniertes Leasing-Fahrrad anzubieten. Durch steuerliche Vorteile kann der Preis für ein Dienstrad günstiger als beim Ladenkauf sein. Neben normalen Fahrrädern werden auch E-Bikes gefördert. Einige deutsche Städte unterstützen mit Förderprogrammen die Anschaffung von E-Bikes. Noch ist die Anzahl der Kommunen recht übersichtlich, aber im Zuge der anstehenden Verkehrswende wird das in Zukunft mit Sicherheit zunehmen. Es lohnt sich auf jeden Fall, bei der eigenen Gemeinde nachzufragen.

Braucht man einen Fahrradhelm?

Es gibt in Deutschland keine Helmpflicht für Fahrradfahrer. Wenn Sie sich mit einem Fahrradhelm sicherer fühlen und deshalb öfter Fahrrad fahren, dann kaufen Sie sich einen Helm. Kinder sollten auf dem Fahrrad grundsätzlich einen Helm tragen.

Diebstahl und Sicherheit

Sie haben ein hochwertiges Rad gekauft und nutzen es jeden Tag? Dann sparen Sie nicht am Fahrradschloss. Die Stiftung Warentest nimmt regelmäßig Schlösser unter die Lupe. Neben den klassischen Fahrradschlössern gibt es mittlerweile auch einige elektronische Sicherheitslösungen, die sich über das Smartphone entriegeln lassen oder über einen GPS-Sender verfügen, sodass man ein gestohlenes Fahrrad wiederfinden kann.

Eine spezielle Fahrradversicherung lohnt sich nur bei teureren Rädern oder E-Bikes. Bei manchen Hausratsversicherungen kann man eine zusätzliche Fahrradklausel dazubuchen. Außerdem gibt es einige spezialisierte Angebote, die Fahrräder gegen Diebstahl und Vandalismus absichern. Weitere Informationen zur Radsicherheit finden Sie unter einfachautofreileben.de/fahrrad.

Fahrradstellplatz

Damit das Fahrrad gut erhalten bleibt, sollte es der Witterung so wenig wie möglich ausgesetzt sein. Ideal ist ein überdachter Stellplatz, ein Fahrradkeller oder eine Garage. Wenn es diese Möglichkeiten nicht gibt, kann man entweder eine Abdeckung für das Rad nutzen (Fahrradgarage) oder das Rad zum Beispiel mit einer Wandhalterung in der Wohnung oder auf dem Balkon abstellen.

Was braucht man sonst noch?

Für kleinere Transporte lohnt sich auf jeden Fall die Anschaffung eines Fahrradkorbes oder von Satteltaschen. Für schlechteres Wetter empfehlen sich eine Fahrradregenhose und Regengamaschen, die die Schuhe vor Nässe schützen.

Tipps zur Fahrradreparatur

Ein regelmäßig genutztes Rad muss auch regelmäßig gewartet und repariert werden. Ein Fahrrad ist technisch bei Weitem nicht so komplex wie ein Auto. Viele Reparaturen kann man mit ein bisschen handwerklichem Geschick selbst erledigen. Fahrradreparaturbücher oder YouTube-Videos ermöglichen auch jemandem, der das noch nie gemacht hat, die Einarbeitung in das Thema. Der ADFC bietet regelmäßig kostenlose Servicetermine an, bei denen kleinere Reparaturen direkt erledigt werden. Gemeinnützig betriebene Repair-Cafés sind ebenfalls gut geeignet, um mit fachkundiger Unterstützung die neue Kette aufzuziehen oder die Gangschaltung einzustellen. Meine Frau und ich sind beide keine enthusiastischen Bastler. Wir bringen unsere Fahrräder einfach zur Fahrradwerkstatt unseres Vertrauens.

Navigation für Fahrradfahrer

Radfahren macht am meisten Spaß auf ruhigen, wenig befahrenen Wegen. Wenn Sie gerade erst anfangen mit dem Radfahren, braucht es am Anfang etwas Zeit, diese Wege zu finden. Die viel befahrene Hauptstraße wirkt vielleicht auf den ersten Blick schneller und direkter, entspannter und weniger gefährlich ist es aber auf den ruhigeren Seitenstraßen. Der ADFC bietet in vielen Städten geführte Radtouren an, um ebendiese Schleichwege zu erkunden. Zusätzlich gibt es dort für viele Städte auch spezielle Fahrradstadtpläne, in denen empfehlenswerte Routen ausgewiesen sind.

Für mich persönlich bewährt hat sich auf unbekanntem Terrain die Fahrradnavigation per Smartphone und App. Mit einer zuverlässigen Halterung wird das Smartphone zum perfekten Navigationsgerät. Eine gute Fahrradnavigations-App bietet

zusätzlich eine reine Sprachnavigation an, sodass man sogar, ohne auf das Smartphone zu schauen, mit einem kleinen Kopfhörer in einem Ohr (beide Ohren sind wegen der Ablenkungsgefahr nicht zu empfehlen) durch die Stadt geleitet wird.

Neben dem Smartphone gibt es, wie beim Auto, auch spezielle GPS-basierte Fahrradnavigationsgeräte, die man ganz einfach mit einer Halterung am Lenker anbringt. Bei diesen Geräten ist die Akkulaufzeit meistens um ein Vielfaches länger als bei einem navigierenden Smartphone. Dafür kosten sie aber auch noch mal zusätzlich Geld.

APPS FÜR RADFAHRER:
NAVIGATION, KARTEN UND TOURENTIPPS

Komoot ist meine Lieblings-App für Fahrradnavigation. Nach einer einmaligen Gebühr bekommt man alle Karten inklusive unbegrenzter Karten-Updates. Man kann Karten offline herunterladen, sodass die Navigation auch in abgelegenen Gegenden weiterhin funktioniert.

Bei der Tourenplanung kann man differenziert angeben, ob man eher sportlich, gemütlich, auf Schotterwegen oder im Gebirge unterwegs sein möchte. Die Sprachnavigation funktioniert sehr zuverlässig und präzise. In der Komoot Community finden sich unzählige Tipps für Radtouren.

GoogleMaps ist die Allround-Navigations-App von Google. Neben Auto, Fußweg und ÖPNV bietet sie auch ein gesondertes Planungsprofil für Radwege an. Sprachnavigation ist ebenfalls möglich und Offline-Karten sind verfügbar.

Der Dienst kostet kein Geld, aber Daten. Google verwendet die persönlichen Daten, um seine Produkte weiterzuentwickeln und zu vermarkten.

Die App **Bike Citizens** hat sich speziell auf Radtouren innerhalb der Stadt spezialisiert. Über die integrierte Community erhält man Tourentipps für die jeweilige Stadt.

Bikemap ist ein Kartendienst, der sich auf Radtouren spezialisiert hat. Die Touren können am Rechner geplant werden, die Navigation erfolgt dann über die zugehörige Smartphone-App.

Den Dienst gibt es in einer kostenlosen und einer kostenpflichtigen Premiumvariante. Über die angeschlossene Community erhält man europaweite Tourenempfehlungen.

E-Bikes und Pedelecs

In den letzten Jahren gab es in Deutschland einen Boom bei den E-Bikes. Genauer müsste man aber eigentlich sagen: bei den Pedelecs. Pedelecs sind Fahrräder, die einen zusätzlichen Elektromotor haben, der die Tretleistung bis zu einer Geschwindigkeit von 25 Kilometern in der Stunde unterstützt. E-Bikes und sogenannte S-Pedelecs hingegen haben eine höhere Leistung und Geschwindigkeit und fahren auch ohne Tretunterstützung. Sie gelten deshalb als Mofas und benötigen eine Fahrerlaubnis und Versicherungskennzeichen. Wird im Alltag (und auch in diesem Buch) von einem E-Bike gesprochen, meinen viele eigentlich ein Pedelec. Pedelecs sind eine gute Alternative für Menschen, die von den Anstrengungen für das »normale« Radfahren vielleicht etwas abgeschreckt werden. Die Umweltbilanz ist wegen des nötigen Akkus nicht so gut wie bei einem normalen Fahrrad. Das Umweltbundesamt rechnet vor, dass aber bereits nach 165 Kilometern die CO_2-Emissionen der Akkuherstellung beglichen sind.

Tretroller, E-Scooter, Elektroroller

Tretroller sind in der Stadt eine gute Alternative, um vorwärtszukommen. Sie haben den Vorteil, dass man damit einfach auf dem Gehweg fahren darf, aber doppelt so schnell wie der normale Fußgänger ist. Preislich bekommt man einige Modelle schon für unter 100 Euro. Die meisten kompakten Tretroller kann man auch in öffentlichen Verkehrsmitteln mitnehmen. Unsere Kinder lieben ihre kleinen Trickroller und bewegen sich damit gerne durch die Stadt.

E-Scooter sind klassische Tretroller mit einem zusätzlichen Elektromotor. Sie sind deutlich größer und schwerer als normale Tretroller. Für E-Scooter gilt eine Versicherungspflicht und sie müssen auf dem Radweg fahren. Theoretisch kann man sich einen E-Scooter auch privat zulegen, in der Praxis wird der E-Scooter-Markt in deutschen Städten aber von Sharing-Anbietern dominiert. Nach dem Free-Floating-Prinzip bucht man sich einen am Straßenrand stehenden E-Scooter und lässt ihn am Ziel dann einfach stehen. Nach Einschätzung des Umweltbundesamtes sind E-Scooter aktuell kein sinnvoller Beitrag zur Verkehrswende, da sie nicht dazu genutzt werden, die »letzte Meile« zwischen Wohnung und ÖPNV zu überwinden (und damit eine potenzielle Autofahrt ersetzen), sondern meistens am Wochenende von Partygängern und Touristen ausgeliehen werden. Dazu kommt, dass die oft sorglos abgestellten E-Scooter den sowieso schon engen städtischen Raum noch weiter verdichten.

Elektroroller sind Motorroller wie zum Beispiel der Klassiker Vespa, die mit einem Elektromotor betrieben werden. In einigen deutschen Städten gibt es Sharing-Anbieter für Elektroroller. Gebucht wird dabei ebenfalls nach dem Free-Floating-Prinzip. Da Helmpflicht besteht, legen die Anbieter ihren Rollern normalerweise zwei Helme in unterschiedlichen Größen ins Gepäckfach. Um die Roller zu fahren, benötigt man einen normalen Pkw-Führerschein.

ZU FUSS UNTERWEGS

Mein persönliches Lieblingsfortbewegungsmittel in der Stadt ist ja das Fahrrad. Aber in den letzten Jahren habe ich auch das Zu-Fuß-Gehen wiederentdeckt. Das klingt jetzt vielleicht ein bisschen banal. Schließlich ist für die meisten von uns, geheingeschränkte Menschen ausgenommen, das Laufen eine der natürlichsten Fähigkeiten, die wir spätestens im zweiten Lebensjahr lernen. Aber ich habe das Gefühl, dass diese einfachste Form der Fortbewegung in unserer Gesellschaft in vielen Bereichen ein bisschen in

Vergessenheit geraten ist. Wir neigen dazu, auch kleinere Strecken mit einem Fortbewegungsmittel, oft dem Auto, zurückzulegen. Ich kenne Menschen, die auf dem Land leben und selbst kurze Strecken innerhalb ihres Dorfes wie selbstverständlich mit dem Auto fahren. In der Stadt ist Ähnliches zu beobachten. Wer für zwei Stationen in den Bus einsteigt, könnte die Strecke in den meisten Fällen genauso gut laufen.

Es ist eine Binsenweisheit und kann nicht oft genug wiederholt werden: Bewegung ist gesund. Unzählige wissenschaftliche Studien belegen die gesundheitsfördernde Wirkung von schon 30 Minuten Bewegung am Tag. Bewegung stärkt das Immunsystem und hilft beim Stressabbau. Beim Laufen kann man hervorragend abschalten, die Probleme des Alltags durchdenken und vielleicht sogar lösen. Laufend an der frischen Luft lernt man die eigene Umgebung, die man bisher vielleicht nur aus dem Auto oder der Trambahn gesehen hat, noch mal aus einem anderen Blickwinkel kennen. Als Fußgänger hat man einen ganz eigenen Blick auf die Welt und den Verkehr. Und das Beste: Man braucht keine zusätzliche Ausrüstung, kann einfach sofort loslaufen.

Wenn Sie nicht genügend Motivation oder Zeit aufbringen können, regelmäßig Sport zu treiben, dann gehen Sie einfach öfter zu Fuß. Fußwege lassen sich perfekt in den Alltag einbinden, indem Sie einfach Wege, die Sie bisher mit dem Auto oder dem Bus zurückgelegt haben, ab jetzt zu Fuß gehen. Vielleicht können Sie ab und zu den Weg zur Arbeit zu Fuß gehen, statt mit der U-Bahn zu fahren. Oder holen Sie Ihre Kinder statt mit dem Auto zu Fuß vom Kindergarten ab. Es finden sich mehr Wege im Alltagstrott, die man auch fußläufig bewältigen kann, als man denkt. Wenn ein Bus zehn Minuten für eine Strecke braucht, kann man sie zu Fuß in 20 Minuten bewältigen. Für drei Kilometer braucht man in normalem Gehtempo eine gute halbe Stunde. Damit lassen sich viele Wege in der Stadt zurücklegen. Natürlich muss man für einen Spaziergang etwas mehr Zeit einplanen, aber danach fühlt man sich auch wesentlich besser als nach einer halben Stunde im Stau und anschließender Parkplatzsuche.

INTERVIEW:
Lars ist 45 Jahre alt, verheiratet, hat zwei Kinder, wohnt im Landkreis München und pendelt jeden Werktag 36 Kilometer mit dem Rad in die Arbeit.

Warum hast du damit angefangen, mit dem Rad zur Arbeit zu fahren?

Das hatte verschiedene Gründe. Ich habe zwei kleine Kinder, da bleibt wenig Zeit für Sport. Und da ist das die ideale Möglichkeit, den Pendelweg zum Sport zu machen und damit was für die Gesundheit zu tun. Außerdem hatte ich, vor allem im Winter, den Eindruck, durch das U-Bahn-Fahren öfter Erkältungen zu bekommen. Und voll ist es morgens im ÖPNV zu den Stoßzeiten natürlich auch. Wenn ich dagegen im Winter mit dem Rad fahre, werde ich, subjektiv gefühlt, weniger krank.

Aber ist es nicht total nervig und anstrengend, bei Nässe und Kälte jeden Werktag 36 Kilometer zu radeln?

Das sind natürlich manchmal schon widrige Bedingungen. Letzten Winter gab es heftige Schneefälle und da ist der Räumdienst dann nicht hinterhergekommen. Da musste ich dann zwangsweise zwei Wochen wieder auf die U-Bahn umsteigen. Aber unter normalen Winterbedingungen fahre ich eigentlich immer. Ich habe mir dafür die entsprechende Ausrüstung und Kleidung zugelegt, und damit geht das dann.

Du musst dich also nicht extra überwinden und motivieren?

Nein. Meine Regel ist: Ich fahre immer mit dem Rad. Ohne Ausnahme. Eine Kollegin, die eine ähnliche Strecke mit dem Rad pendelt, hat mir gesagt: »Sobald du anfängst zu überlegen, ob die Bedingungen heute passen, ob es heute vielleicht noch regnet oder irgendwas anderes dagegenspricht, hast du eigentlich schon verloren, weil du immer eine Ausrede findest.«

Auch wenn es komisch klingt, aber einfach immer zu fahren, ist für mich die bequemere Variante. Es wird einfach ein Automatismus draus, ohne großes Nachdenken.

Du kommst ja dann wahrscheinlich, sowohl im Sommer als auch im Winter, oft ziemlich verschwitzt in der Arbeit an. Wie kommst du damit klar?

Ich habe zum Glück ein Einzelbüro und kann mich dort komplett umziehen. Alle Radlklamotten runter, komplett neues Büro-Outfit anziehen. Ich dusche nicht. Das geht gut. Ich stinke zum Glück nicht so sehr (lacht). Haben mir Kollegen auch schon auf Nachfrage bestätigt. Cowboydusche mit Deo reicht aus. Auf dem Rückweg zieh ich dann die Radlklamotten wieder an. Die sind zwar nicht mehr ganz frisch, aber das macht ja dann nichts aus. Zu Hause wird dann geduscht.

Und deine Arbeitskleidung ist dann immer in deinem Büro oder transportierst du die in der Satteltasche hin und her?

Ich habe dort ein ganzes Set mit Hemden hängen, die dort auch gereinigt werden. Hin und her transportiere ich nur Socken, Unterwäsche und Hosen. Schuhe stehen auch im Büro.

Dann erzähl doch mal ein bisschen aus deiner Pendlerpraxis. Gibt es viele, die auch so weit pendeln wie du? Oder bist du eher eine Ausnahme?

Ich habe schon den Eindruck, dass die Zahl der Radpendler in den letzten Jahren, seitdem ich das mache, zugenommen hat. Ich sehe an meinen beiden Stammstrecken, vor allem natürlich im Sommer, aber auch im Winter, immer wieder die gleichen Leute und habe auch das Gefühl, dass es immer mehr werden.

Du hörst auf deinen Touren oft Podcasts. Ist das nicht gefährlich?

Ich finde nicht. Erstens stelle ich die Lautstärke nicht sehr hoch und zweitens habe ich nur einen Kopfhörerstöpsel im rechten Ohr drin. Das klappt super, denn ich höre alles um mich herum und kann dennoch die Sendungen verfolgen. In kritischen Situationen geht die Konzentration automatisch auf den Verkehr, sodass man dann halt mal kurz nicht ganz bei der gehörten Sache ist.

Und wo siehst du für dich die größten Hindernisse auf deinem Weg zur Arbeit?

Grundsätzlich ist das Problem, dass zu wenig Platz für Fahrräder da ist. Es gibt viele Engstellen und Autos, die zu knapp überholen. Das nervt schon. Aber entgegen aller landläufigen Vorurteile würde ich sagen, dass die Mehrheit der Verkehrsteilnehmer, Auto- und Radfahrer, durchaus vernünftig unterwegs ist. Es gibt aber einfach ein Platzproblem, und das führt zu Konflikten.

Fühlst du dich grundsätzlich sicher im Münchner Stadtverkehr?

Also 100 Prozent sicher auf keinen Fall. Ich versuch, sehr aufmerksam und eher passiv zu fahren. Das ist natürlich auch immer von der Tagesform abhängig. Und klar, ein mulmiges Gefühl fährt immer ein bisschen mit.

Kannst du verstehen, wenn Radpendeln auf andere Leute zu unsicher oder unkomfortabel wirkt?

Verstehen kann ich das schon. Es geht eng zu auf der Straße und das Wetter ist natürlich ein Thema. Ich war am Anfang auch sehr skeptisch, ob das klappen kann. Aber wenn man dann mal anfängt, optimiert man auch ständig, findet neue, sichere Routen und lernt jeden Tag dazu. Ich würde jeden ermutigen, der mit dem Gedanken spielt, es einfach mal eine Woche auszuprobieren.

Was müsste getan werden, damit noch mehr Leute auf das Fahrrad umsteigen?

Die Hauptstellschraube ist sicher, den Autoverkehr mehr vom Radverkehr zu entkoppeln, die Rot-Grün-Phasen unterschiedlich zu schalten und insgesamt dem Radverkehr mehr Platz einzuräumen. Das wird wahrscheinlich, bei dem begrenzten Platz in der Stadt, nur gehen, indem man dem Autoverkehr Fahrspuren wegnimmt.

Gibt es etwas, das dich so extrem nervt, dass es dir manchmal den Spaß an der Fahrradpendelei verdirbt?

Außer den schon erwähnten Konflikten gibt es immer wieder Kleinigkeiten, zum Beispiel motorisierte Zweiradfahrer, die regelmäßig auf Fahrradwege ausweichen.

Und noch was nervt mich fast täglich, was mich aber sehr in meiner Fahrradpendelei bestärkt: Jeden Tag stehe ich an einer Ampel einer Hauptzufahrtsstraße nach München. Da sieht man jeden Morgen Stoßstange an Stoßstange eine sich langsam voranquälende Autokolonne und in fast jedem Auto sitzt nur eine Person. Das ärgert mich immer wieder, dass wir als Gesellschaft das nicht besser hinkriegen. Fahrgemeinschaften scheinen völlig aus der Mode zu sein.

Und was ist mit den oft zitierten »Radl-Rambos«?
Gibt's die? Werden die mehr?

Würde ich nicht sagen. Klar gibt's so was auch. Insgesamt ist das aber eine sehr kleine Minderheit. Was aber schon nervt, ist, dass viele Radfahrer auf klare Handzeichen verzichten. Da muss man oft raten, was die jetzt machen, und das kann schon zu gefährlichen Situationen führen.

Und was ist das Positivste an deiner täglichen Radtour?

Man ist jeden Tag an der frischen Luft und es ist einfach der beste Ausgleich zum stressigen Arbeitsalltag.

Das heißt, du wirst so schnell auch nicht damit aufhören?

Auf keinen Fall. Das ist zu einer fundamentalen Säule meines Alltags geworden. Es ist sogar so: Wenn ich mal aus irgendwelchen Gründen nicht radeln kann, bedaure ich das und mir fehlt an dem Tag was.

Schritt 3:
Loslassen

Sie wissen jetzt, was ein eigener Pkw Sie selbst und die Gesellschaft kostet, was für alternative Mobilitätsmöglichkeiten es gibt und unter welchen Voraussetzungen ein eigenes Auto nicht mehr notwendig ist.

Was in der Theorie hoffentlich schon sehr gut, plausibel und vielversprechend klingt, scheint Ihnen in der Praxis aber vielleicht noch mit zu vielen Hindernissen verbunden. Sie haben Sorge, ohne Auto Ihren Alltag nicht mehr bewältigen zu können, nicht mehr so frei und flexibel zu sein, wie Sie es scheinbar jetzt noch sind. Genauso ging es uns auch, als wir überlegten, unser Auto zu verkaufen. Mit konkreten Tipps aus unserem autobesitzlosen Alltag will ich versuchen, Anregungen zu geben, Ängste zu nehmen und Mobilität und die Versprechen des motorisierten Individualverkehrs aus anderen Blickwinkeln zu betrachten.

MIT KINDERN UNTERWEGS

Gerade bei Familien mit kleineren Kindern gibt es oft den festen Glauben, dass es ohne eigenes Auto nicht geht. Menschen, die jahrelang kein Auto besitzen, spielen spätestens ab der Geburt des ersten Kindes mit dem Gedanken, sich eines anzuschaffen. Der Begriff »Familienkutsche« ist im deutschen Sprachgebrauch fest verankert. Automobilhersteller haben junge Familien als Zielgruppe schon immer fest im Blick und richten ihre Werbung und Produktlinien entsprechend aus.

Als wir unser Auto verkauften, waren unsere Kinder vier und sechs Jahre alt. Und wir sind danach trotzdem sehr gut zurechtgekommen und weiter mobil geblieben.

KINDER UND VERKEHRSSICHERHEIT

Laut UN-Kinderrechtskonvention haben alle Kinder ein Grundrecht auf Gesundheit. Jeder Staat muss sein Handeln daraufhin ausrichten, dieses Recht zu gewährleisten. Wenn ich den Straßenverkehr in deutschen Städten betrachte, bin ich mir nicht sicher, ob an dieser Stelle alles getan wird, um dieses Recht zu gewährleisten. Wir brauchen ehrenamtliche Schulweghelfer, die dafür sorgen, dass unsere Kinder sicher in die Schule kommen, falsch parkende Autos auf Rad- und Fußwegen werden immer noch als Bagatelldelikte angesehen und viel zu selten geahndet, Fahrrad- und Fußwege bekommen im Vergleich zu Straßen viel zu wenig Platz. Ich versuche, meine Kinder zu selbstständigen Menschen zu erziehen, denen ich viel zutraue. Sie lernen, alleine mit dem ÖPNV zu fahren, und legen immer längere Strecken in der Stadt alleine zu Fuß zurück. Das machen sie hervorragend und ich habe dabei eigentlich immer ein gutes Gefühl, weil ich ihnen vertraue und weiß, dass sie das hinbekommen. Einzige Ausnahme, bei der es mir mulmig wird: wenn sie alleine mit dem Fahrrad unterwegs sind. Ich weiß aus eigener Erwachsenenerfahrung, wie anspruchsvoll und noch viel zu oft fahrradunfreundlich der Verkehr ist. Ich kann alle Eltern verstehen, die ihre Kinder nicht alleine radelnd in den Stadtverkehr entlassen wollen.

Fahrrad, ÖPNV und zu Fuß

In der Stadt sind wir von Anfang an auch mit den Kindern nur zu Fuß, mit dem ÖPNV oder dem Fahrrad unterwegs gewesen. In den ersten beiden Lebensjahren transportierten wir sie vor allem im **Kinderwagen** oder einer **Tragehilfe**. Beides kann man auch im ÖPNV mitnehmen. Danach saßen die Kinder dann entweder auf **Fahrrad-**

sitzen oder in unserem doppelsitzigen Fahrradanhänger. Ein **Kinderfahrradanhänger** ist das perfekte Transportmittel für Familien. Die Kinder sitzen darin geschützter als auf dem exponierten Kindersitz, viele Modelle kann man auch ohne Fahrrad als Kinderwagen nutzen und ohne Kinder ist der Anhänger ideal für größere Einkäufe und Transporte geeignet. Als die Kinder größer wurden, haben sie in unserer Begleitung langsam gelernt, selbst Rad zu fahren. Das ist vor allem im dichten Stadtverkehr nicht immer einfach. Heute fahren beide sehr gern, selbstständig und sicher auf ihren Rädern.

TIPP

Als Alternative zum Fahrradanhänger sind in den letzten Jahren Lastenräder zunehmend populär geworden. Darin lassen sich auch mehrere Kinder sicher transportieren. Der Vorteil bei Lastenrädern ist, dass man die Kinder im Blick hat, da der Lastenkorb vorne angebracht ist. Der Nachteil: Lastenkorb und Rad sind fest miteinander verbunden. Anders als beim Anhänger kann man das Rad nie separat nutzen.

Kurze Wege

Wer Kinder hat, kennt das: Kindergarten, Schule, Sportverein, Chor und Kletterkurs. Kinder sind heute oft viel beschäftigt. Und irgendwie müssen sie zu diesen ganzen Beschäftigungen kommen. Meistens mit den sogenannten Elterntaxis. Wir versuchen mittlerweile »die Strategie der kurzen Wege« anzuwenden. Im besten Fall finden alle Aktivitäten der Kinder in unserem Stadtviertel statt. Das hat in jüngeren Jahren den Vorteil, dass man sie dort viel schneller auch zu Fuß oder mit dem Rad hinbringen kann, und wenn sie dann älter sind, sie die Wege alleine und selbstständig zurücklegen können. »Kurze Wege« sind am einfachsten in städtischen Bereichen mit guter Infrastruktur und einem reichhaltigen Angebot umzusetzen. Und natürlich gibt es auch immer gute Gründe, für diese eine spezielle Kinderaktivität jetzt doch einen längeren Weg in Kauf zu nehmen. Aber für uns ist bei der Auswahl der weiterführenden Schule oder des nächsten Tanzkurses die Entfernung zumindest ein wichtiges gleichberechtigtes Kriterium, nach dem wir entscheiden.

Weite Strecken

Für Fernreisen mit Kindern bietet die **Bahn** einige Vorteile. Kinder fahren bis zum vollendeten 14. Lebensjahr bei Eltern und Großeltern immer kostenlos mit. Mit Babys und Kleinkindern bis drei Jahren gibt es die Möglichkeit, eigene **Kleinkindabteile** zu reservieren, in denen die Kinder krabbeln und spielen können. Für Reisen mit älteren Kindern gibt es spezielle **Familienbereiche.** Wenn wir mit der Bahn auf Fernstrecken unterwegs sind, buchen wir aber eigentlich immer ganz normale Plätze mit Tisch im Großraumabteil. Tischplätze sind ideal für uns. Dort können unsere Kinder malen, Hausaufgaben erledigen, Brett- und Kartenspiele spielen, auf der tragbaren Konsole zocken und natürlich ausgiebig das von langer Hand vorbereitete und in mehreren Dosen verstaute ICE-Picknick zelebrieren. Anders als im Auto können Kinder in einem Zug auch ihren Bewegungsdrang besser ausleben. Ein Entdeckungsspaziergang durch einen ICE ist spannend und im Bordrestaurant gibt es meistens ein kleines Geschenk.

Ein großes Thema beim Bahnreisen mit Kindern ist die Frage der Lärmbelästigung. Ich bin der Meinung, dass Kinder in jedem Alter zum öffentlichen Leben dazugehören und im öffentlichen Raum präsent sein sollten. Und das bedeutet dann halt manchmal auch etwas mehr Lautstärke. Ein Zug ist ein teilöffentlicher Raum und wer sich dort reinsetzt, muss auch mit Kindern rechnen. Dazu kommt, dass wir störendes Verhalten bei Kindern viel schneller als störend empfinden und bemängeln, als wir das bei Erwachsenen machen. Ein Geschäftsreisender, der seine Business-Telefonate so laut führt, dass am Ende alle Mitreisenden ebenfalls über die aktuellen Geschäftszahlen seines Unternehmens Bescheid wissen, oder ein Kegelklub auf Wochenendausflug in zunehmend eskalierender Sekt- und Bierlaune stören mich viel mehr als ein paar Kinder, die etwas lauter Karten spielen.

So weit die Theorie. In der Praxis weiß ich aus eigener Erfahrung, dass man als Elternteil mit Kindern in der Öffentlichkeit bei Weitem noch nicht so frei und ungezwungen unterwegs ist. Man überlegt sich eigentlich ständig Strategien, damit die Kinder nicht zu laut werden und eventuell jemanden stören. Um diesen Stress bei Bahnreisen zu minimieren, kann man die bereits erwähnten **Kleinkindabteile** buchen. Außerdem sollte man bei der Buchung die speziell ausgeschriebenen **Ruhebereiche** meiden. Dort sitzen meistens besonders lärmsensible Mitreisende.

Bei Babys und ganz kleinen Kindern, die noch viel schlafen, kann ich auch aus eigener Erfahrung sehr gut verstehen, warum man manchmal doch lieber ein Auto nimmt: Sie schlafen dort oft einfach besser ein. In den ersten Lebensjahren der Kinder kann also ein **Carsharingauto** für lange Strecken durchaus eine sinnvolle Alternative sein. Der einzige Nachteil ist, dass man nach jeder Fahrt die Kindersitze aus dem Auto mitnehmen und in der Wohnung verstauen muss. Im Babyalter macht man das mit der Babyschale sowieso auch im eigenen Auto und in den Folgejahren wachsen die Kinder stetig und der Kindersitz wird immer kleiner, bis es schließlich nur noch eine leichte Sitzerhöhung ist.

▶ **Noch mehr Tipps und Links zur Mobilität mit Kindern unter einfachautofreileben.de/kinder.**

EINKÄUFE UND TRANSPORTE

Wir erledigen Einkäufe entweder zu Fuß oder mit dem Fahrrad. Am Anfang leistete uns unser **Kinderfahrradanhänger** noch sehr gute Dienste dabei. Mittlerweile haben wir bequeme und geräumige **Rucksäcke**, für das Fahrrad einen **Fahrradkorb**, ein Set mit **Satteltaschen** und einen kleinen **Lastenanhänger**. Der große Wocheneinkauf ist damit kein Problem. Als noch praktischer hat es sich aber bewährt, auf den einen großen Wocheneinkauf zu verzichten und dafür einfach mehrmals in der Woche, am besten noch in den Arbeitsweg integriert, einkaufen zu gehen.

Lastenräder sind ebenfalls gut geeignet für größere Einkäufe. Es gibt sie in den unterschiedlichsten Ausführungen. Manche eignen sich sowohl für den Kinder- als auch Lastentransport, andere sind speziell darauf ausgelegt, keine Personen, sondern nur größeres Stückgut zu transportieren. In manchen Städten gibt es mittlerweile nachbarschaftlich organisierte Leihmöglichkeiten für Lastenräder.

Für den fußläufigen Einkauf sind **Einkaufstrolleys** empfehlenswert. Für größere Transporte wie Getränkekisten gibt es den klassischen Bollerwagen oder die **Sackkarre** mittlerweile auch in der platzsparenden Faltvariante.

Eine Alternative zum selbst getätigten Einkauf sind **Lieferdienste**. Einige Supermarktketten liefern mittlerweile die online bestellten Lebensmittel vor die Haustür. Ein effizient organisierter Lieferservice ist dabei deutlich umweltfreundlicher und nimmt weniger Raum weg, als individuell mit dem privaten Pkw getätigte Einkäufe. Und viele Getränkeläden um die Ecke bieten ebenfalls einen Lieferservice, immer öfter mit umweltfreundlichen Lastenrädern, für schwere Getränkekisten an.

TIPP

Getränkekisten sind wahrscheinlich einer der häufigsten Gründe, warum Einkäufe mit dem Auto erledigt werden. Die beste Lösung dafür ist: keine Getränkekisten mehr kaufen. Die Trinkwasserqualität in Deutschland ist hervorragend. Wasser aus dem heimischen Hahn kann bedenkenlos getrunken werden. Mit einem Wassersprudler reichert man das Wasser bei Bedarf noch mit Kohlensäure an. Wir trinken zwischendurch auch gerne mal Fruchtsäfte. Es gibt Anbieter, die Fruchtsaftkonzentrate in kleinen Schläuchen verkaufen, die man dann mit Leitungswasser zum Obstsaft mischt. Eine Packung reicht bei uns meistens ein bis zwei Monate. Die Konzentrate bestellen wir online und lassen sie per Post liefern. Das heimische Trinkwasser zu nutzen, spart zum einen Geld und ist umweltfreundlicher, weil die ganzen umweltbelastenden Produktions- und Transportkosten, die eine Getränkekiste im Supermarkt verursacht, wegfallen.

Für größere Transporte, also Umzüge, Möbelkäufe oder Fahrten zum Wertstoffhof, greifen wir auf Carsharing zurück. Vom geräumigen Kombi bis zum Kleintransporter können wir dort je nach Bedarf ein Auto buchen. Tipps und weiterführende Links zum Thema Einkauf und Transport unter einfachautofreileben.de/einkauf-transport.

URLAUB UND AUSFLÜGE

Unsere ersten Familienurlaube ohne eigenes Auto führten uns nach Schweden und Korsika. Beides sehr lange Reisen, zwischen 2000 und 4000 Kilometern. Für beide

Urlaube haben wir uns ein Carsharingauto gemietet. Das war am Anfang erst mal gewöhnungsbedürftig. Die reinen Fahrtkosten für beide Urlaube lagen bei jeweils knapp 1 000 Euro. Wenn man davor immer mit dem eigenen Auto gefahren ist und als Kosten nur die Tankrechnung betrachtet hat, ein sehr hoher Betrag. Wir haben uns dann an die vorausgegangene Kostenkalkulation und den realistischen Kilometerpreis unseres Autos erinnert und die Kosten gegengerechnet. Das Schaubild hat uns dann wieder etwas beruhigt.

Mit dem Carsharing-Auto in den Urlaub

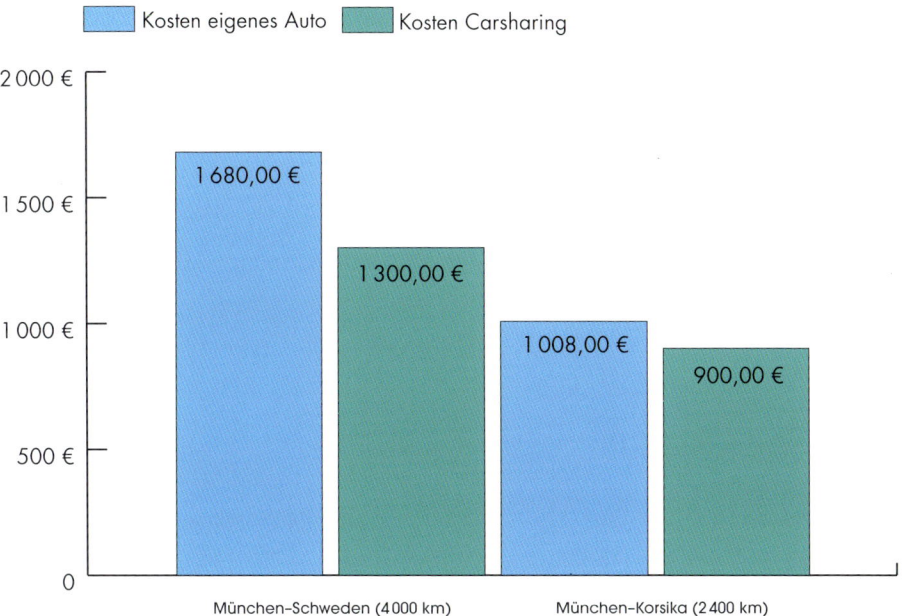

Mit dem Carsharingauto in den Urlaub – günstiger als im eigenen Auto.

Bei stationären Carsharing-Anbietern ist es in der Regel kein Problem, über einen mehrwöchigen Zeitraum ins europäische Ausland zu fahren. Gerade für die Ferienzeiten empfiehlt sich eine frühzeitige Buchung. Bei den meisten Anbietern ist im Preis ein Schutzbrief enthalten, der auch im europäischen Ausland gilt. Bei einer Panne bietet dieser einen ähnlichen Service, wie man ihn zum Beispiel auch vom weitverbreiteten ADAC-Schutzbrief kennt. Wenn man Fahrräder, Skier oder größere Gepäckstücke unterbringen muss, besteht häufig die Möglichkeit, zusätzlich einen Dachträger oder eine Dachbox dazu zu buchen.

CARSHARING IN ANDEREN STÄDTEN UND LÄNDERN

Der führende Free-Floating-Anbieter SHARE NOW hat auch in einigen europäischen Großstädten Fahrzeuge. Diese können von Kunden ohne zusätzlichen Aufwand auch im Ausland genutzt werden. Viele stationäre Carsharing-Anbieter haben innerhalb Deutschlands sogenannte Quernutzungsvereinbarungen. Der etwas sperrige Begriff bedeutet, dass man als Kunde bei einer entsprechenden Kooperation auch ein Auto in einer anderen Stadt mieten kann. In Kombination mit einer Anreise per Bahn kann das für einen Urlaub oder Städtetrip eine gute Alternative sein.

Wie bereits erwähnt, hat unser Loslassen vom eigenen Auto aber auch zu einem Bewusstseinswandel geführt. Seitdem das Auto auch für Ausflüge und Urlaube nur noch eine von mehreren Optionen ist, gestaltet sich unsere Urlaubsplanung ebenfalls anders. Als unsere Tochter sechs Jahre alt war, haben wir unsere erste mehrtägige Familienradtour gemacht. Wir sind einfach in München losgefahren und haben gemeinsam mit den Kindern nachgeschaut, wo die Isar eigentlich hinfließt. In mehreren Tagesetappen sind wir auf dem Isarradweg bis zur Donau und noch ein bisschen weiter geradelt. Das hat so viel Spaß gemacht, dass wir in den Jahren danach mit dem Rad einmal den Bodensee umrundet haben und auf dem Nordseeradweg von Hamburg bis Sylt gefahren sind.

Radtouren sind, nicht nur für Familien, eine tolle Möglichkeit, Urlaub zu machen. Man ist an der frischen Luft, Bewegung ist gesund und man kann die Umgebung ganz anders entdecken als aus dem Auto oder dem Zug heraus.

PLANUNG EINER FAHRRADTOUR

Im Buchhandel und in Bibliotheken gibt es ganze Regalmeter voll mit speziellen Radreiseführern. Es gibt kaum eine Region in Deutschland und dem nahen europäischen Ausland, für die es keine Bike-Guides gibt. In Kombination mit einem speziellen Online-Radroutenplaner, wie zum Beispiel Komoot, kann man eine Tour schon im Vorfeld sehr detailliert vorausplanen. Hat man noch keine große Erfahrung mit Radtouren oder kleinere Kinder dabei, sollte man die Tagesetappen eher konservativ kurz einplanen. Bei unserer ersten Tour mit unserer sechsjährigen Tochter waren unsere täglichen Strecken maximal 20 Kilometer lang. Das ließ uns genug Zeit für längere Pausen. Mit zunehmender Erfahrung und zunehmendem Alter können die Etappen dann länger werden. Bei unserer letzten Nordseetour haben wir täglich schon 40 bis 50 Kilometer geschafft. Zwischendurch planen wir auch immer wieder einzelne radfreie Tage ein. Das ist zum einen gut zur Regeneration und zum anderen kann man dann Städte besser und länger erkunden. Der ADFC listet unter dem Label Bett+Bike deutschlandweit fahrradfreundliche Unterkünfte auf. Für unsere Radtouren haben sich außerdem Jugendherbergen als Unterkünfte bewährt. Einer der Ursprungsgedanken des Deutschen Jugendherbergswerks ist es, Unterkünfte in Abständen, die ungefähr einer durchschnittlichen Fahrradetappe entsprechen, anzubieten. Das gelingt ihnen in vielen Regionen Deutschlands sehr gut.

Ausrüstung für eine Radtour

Für eine gemütliche Fahrradtour ohne größere Steigungen braucht es eigentlich nur wenig Spezialausrüstung. Wir haben alle unsere Touren bisher mit unseren Alltagsrädern gemacht. Eine Gangschaltung sollten die Räder zwar haben, aber man muss es da auch nicht übertreiben. Mein Stadtrad hat nur sieben Gänge, und das war bisher bei jeder Tour ausreichend. Das Gepäck kommt jeweils in einem dreiteiligen Satteltaschen-Set auf den Gepäckträgern der beiden Elternfahrräder unter. Natürlich passt da nicht so viel rein wie in ein Familienauto, aber wir haben dadurch festgestellt, dass man für einen Urlaub gar nicht so viel braucht, wenn man zwischendurch noch eine Unterkunft mit Waschmaschine und Wäschetrockner einplant.

Schlechtes Wetter

Es ist sehr wahrscheinlich, dass es bei einer Radtour auch mal regnen wird. Ein guter Regenschutz für Mensch und Gepäck sind deshalb auf jeden Fall Pflicht. Mit einer zuverlässigen Wetter-App haben wir Regen auch schon oft umfahren und »ausgesessen«. Meistens schüttet es gar nicht den ganzen Tag, sondern nur einen gewissen Zeitraum. Da wir unsere Tagesetappen immer sehr großzügig planen, haben wir bei Schlechtwetterlage oft genügend zeitlichen Spielraum, um den Regen zu umgehen. Außerdem planen wir die Touren so, dass es immer die Möglichkeit gibt, eine Teilstrecke mit der Bahn zurückzulegen. Damit lassen sich auch größere Schlechtwetterlagen bewältigen.

REISEN MIT DER BAHN

Gerade in Kombination mit dem Fahrrad ist die Bahn eine gute Wahl, um in den Urlaub zu fahren oder Ausflüge zu machen. Für jedes Rad muss dazu eine zusätzliche Fahrradkarte gelöst werden. In nahezu allen Regionalzügen besteht die Möglichkeit, Fahrräder ohne vorherige Reservierung mitzunehmen. Im Fernverkehr gibt es in den meisten IC-/EC-Zügen Fahrradplätze, die man aber vorab reservieren muss. In ICEs gibt es bisher leider nur einige wenige Züge, in denen auch eine Fahrradmitnahme möglich ist.

Da die Fahrradplätze in den Fernzügen nur sehr begrenzt sind, muss man dort zeitig, am besten mehrere Monate im Voraus, reservieren. In Regionalzüge kann man mit dem Rad einfach zusteigen. Im Vergleich zur Fahrradmitnahme mit dem Auto hat die Bahn einen großen Vorteil: Man muss nicht wieder an den Ausgangsort zurück, an dem das Auto wartet, sondern kann einfach an einem ganz anderen Bahnhof wieder zusteigen. Dadurch sind viel flexiblere Touren möglich.

Wir machen von München aus regelmäßig Ausflüge in die nahen Berge zum Wandern. In den ersten Jahren ohne eigenes Auto sind wir immer mit dem Carsharingauto gefahren. Viele Ausgangspunkte für Wanderungen in den Bergen sind tatsächlich auch am besten mit dem Auto zu erreichen. Da aber auch ganz viele andere Münchner an sonnigen Wochenenden diese Ausgangspunkte erreichen wollen, ist der An- und Abreisestau obligatorisch. Wir sind deshalb dazu übergegangen, auch Ausflüge und Wandertouren vermehrt mit dem Zug zu planen. Und das geht besser, als wir gedacht hätten. Mit der Bahn erreicht man viele Tourismusregionen im Umland und vor Ort kann man dann entweder direkt vom Bahnhof loswandern oder man fährt noch mit einem Wanderbus weiter. Die Verknüpfung von Bahn und lokalem ÖPNV ist zwar leider nicht in jeder Region optimal, aber die unter dem Autoverkehr stark leidenden Tourismusgebiete merken langsam, dass es sinnvoll ist, den Besuchern andere Möglichkeiten der Anreise als nur den privaten Pkw zu bieten. Die Deutsche Bahn und andere lokale Bahnunternehmen bieten auf ihren Websites für alle Regionen Deutschlands zahlreiche Ausflugstipps an. Die Vorschläge reichen von idyllischen Wanderungen in der Natur bis hin zum kurzen Städtetrip für Kulturinteressierte.

Aber auch für größere Urlaube kann die Bahn eine sinnvolle Alternative zur anstrengenden Mammutfahrt auf der Autobahn oder in manchen Fällen sogar zum Flugzeug sein. Mit der Bahn reist man in den meisten Fällen genauso schnell oder sogar schneller als mit dem Auto. Bei unserer anfänglich erwähnten Urlaubsfahrt nach Schweden sind wir mit dem Auto in zwei Tagesetappen gefahren. Mit der Bahn können wir die Tour in derselben Zeit machen. Eine Bahnfahrt von München nach Kopenhagen dauert zwölf Stunden, dort dann einmal übernachten und am nächsten Tag mit einem Mietauto über die Öresundbrücke weiter zu unserem Ferienhaus in Südschweden. Die Kombination von Bahnanreise und einem Mietwagen vor Ort ist oft günstiger und auch angenehmer, als mit einem Auto anzureisen.

Gepäck in der Bahn

Wen wir mit dem Carsharingauto in den Urlaub fahren, schaffen wir es immer, das Auto so vollzupacken, dass man Mühe hat, durch den Rückspiegel noch was vom Verkehr zu sehen. Ein großes Auto mit viel Platz verleitet dazu, diesen Platz auch zu füllen. Und so kommt es am Ende dazu, dass wir unseren halben Hausstand nach Korsika fahren, ohne davon auch nur die Hälfte zu brauchen. Bei unseren autofreien Urlauben hatten wir immer nur einen Bruchteil des Gepäcks dabei und die Urlaube waren trotzdem genauso schön wie die mit Auto. Wenn es trotzdem unbedingt viel Gepäck sein muss, dann bietet die Deutsche Bahn einen eigenen Gepäckservice an.

Man gibt das Gepäck vor der Reise bei einem Kooperationspartner der Deutschen Bahn als Paket auf und dieser liefert es dann zum Urlaubsort bis vor die Tür.

AUTOFREIE URLAUBSREGIONEN

Die beste Möglichkeit, autofreien Urlaub zu machen, sind autofreie Urlaubsregionen. Auf vielen deutschen Nord- und Ostseeinseln sind schon seit Jahrzehnten gar keine Autos erlaubt. Ein Trend, der sich mittlerweile auch bis in die südlichen Alpenregionen herumgesprochen hat. Unter der Marke Alpine Pearls haben sich einige Urlaubsorte in den Alpen zusammengeschlossen, um nachhaltigen Bergtourismus zu ermöglichen. Darunter fällt auch eine »volle Mobilitätsgarantie«. Die Anreise ist problemlos mit der Bahn oder dem Fernbus möglich, vor Ort gibt es meistens Flatrate-Mobilitätskarten, mit denen man vom ÖPNV über den Segway bis zum Leihfahrrad alle vorhandenen Transportmittel nutzen kann.

Die Bahnfahrt als Erlebnis

Man kann eine Zugreise auch so planen, dass es nicht darum geht, so schnell wie möglich von A nach B zu kommen. Die Bahnfahrt ist dann das eigentliche Erlebnis. Es gibt in Europa einige Strecken, die durch spektakuläre Landschaften führen. Mit dem Glacier Express geht es durch eindrucksvolle Schweizer Berglandschaften, der Cinque Terre Express fährt entlang der ligurischen Riviera, die zum UNESCO-Weltkulturerbe gehört, und auf der schottischen West Highland Line überquert man den aus den Harry-Potter-Filmen bekannten Glenfinnan-Viadukt. Noch mehr schöne Bahnstrecken finden Sie auf einfachautofreileben.de/urlaub

> **INTERVIEW:**
> N., 42 Jahre alt, getrennt lebend mit zwei Kindern (12 und 9 Jahre),
> wohnt in einem Dorf in Oberbayern, im Umland von München.

Hast du einen Führerschein?

Ich habe den Führerschein mit 19 Jahren gemacht, bin aber schon immer sehr wenig gefahren und hatte nie ein eigenes Auto. Bis zu unserer Trennung hatten wir ein Familienauto, das ich aber auch nie selbst gefahren bin. Mittlerweile habe ich so wenig Erfahrung, dass ich nicht mehr fahren will.

Warum hast du dich entschieden, kein Auto zu besitzen?

Ich hatte einfach nie eins. Es war mir schon immer zu teuer und während meines Studiums in der Großstadt brauchte ich sowieso keines. Dort ging alles mit ÖPNV und Fahrrad. Ich habe seitdem immer darauf geachtet, nur so zu wohnen, dass ich auch ohne Auto mobil sein kann. Ein Auto ist mir immer noch zu teuer, es würde mich nur stressen, und mittlerweile ist mir auch der Umweltaspekt sehr wichtig.

Wie seid ihr im Alltag mobil, du und deine Kinder?

Zur Arbeit fahre ich mit dem Zug oder der S-Bahn. Die Anbindung ist hier gut. In knapp 30 Minuten bin ich von meiner Haustür am Hauptbahnhof in der Stadt. Dort lassen sich dann auch alle Sachen erledigen, die es hier auf dem Dorf nicht gibt. Meine Einkäufe erledige ich meistens einmal in der Woche mit einem großen Rucksack zu Fuß. Ich plane die Einkäufe auch anders. Wenn ich zum Beispiel schon ein paar schwere Sachen im Rucksack habe, verschiebe ich andere schwere Sachen auf die nächste Woche. Getränkekisten kaufen wir nur selten. Wir trinken Wasser aus dem Hahn und haben einen Wassersprudler.

Und größere Einkäufe? Zum Beispiel Möbel?

Die lasse ich mir mittlerweile immer liefern. Schwierig wird es nur, wenn ich mal was aus dem Baumarkt brauche oder wenn ich was zum Wertstoffhof bringen muss.

Und deine Kinder? Wie kommen die zur Schule?

Mein Grundschulkind kann einfach zu Fuß zur Schule gehen. Das ältere Kind fährt mit dem Schulbus zur weiterführenden Schule. Das ist immer ein bisschen kritisch, weil die Busse nur morgens fahren und dann erst mal nicht mehr. Wenn es den Bus verpasst, wird es kompliziert.

Fahrt ihr auch viel mit dem Fahrrad?

Das geht bei mir leider aus gesundheitlichen Gründen nicht so gut und bei den Kindern aus Sicherheitsgründen. Es gibt hier keine Radwege und die Landstraße ist viel zu gefährlich.

Wie fahrt ihr in den Urlaub?

Ich fahre mit den Kindern, schon seit sie ein und vier Jahre alt sind, mit dem Zug in den Urlaub. Am Anfang war das manchmal noch anstrengend, aber mittlerweile sind die Kinder so gute Bahnfahrer und kümmern sich selbstständig um ihr Gepäck, dass es richtig angenehm ist. Wir waren mit dem Nachtzug schon in Venedig und haben Bahnurlaube in Österreich und auf der Insel Langeoog verbracht. Als Nächstes planen wir eine europaweite Interrail-Reise.

Vermisst du manchmal ein eigenes Auto?

Manchmal. Wenn ich die Schule meines großen Kindes besuchen muss und ich für die zwölf Kilometer wegen der schlechten Anbindung einen ganzen Vormittag brauche, wenn die Kinder Freunde im Nachbardorf besuchen wollen und ich dann auf die anderen Eltern mit Auto angewiesen bin und wenn die Kinder mal krank sind. Ich habe mir mein Leben aber genau so ausgesucht und organisiere alles andere so, dass es auch ohne Auto geht.

Weitere wichtige Aspekte

RUND UM NACHHALTIGE MOBILITÄT

Ich habe Ihnen in den letzten Kapiteln viele praktische Tipps gegeben, wie und warum Ihr eigenes Auto gar nicht so günstig ist und wie Sie es relativ einfach ersetzen können. Zahlen und praktische Alternativen sind aber nur ein Teil auf dem Weg zu einer nachhaltigen Mobilität. Auch Ihre persönlichen Bedenken und Ängste können Sie am Autoverkauf hindern. Außerdem ist Mobilität auch ein politisches Thema und muss auf gesellschaftlicher Ebene verhandelt werden. Und zu guter Letzt befinden wir uns, recht unerwartet, mitten in einer weltweiten Pandemie. Corona beeinflusst unsere Mobilität natürlich auch – sowohl auf persönlicher als auch gesellschaftlicher Ebene.

Im Folgenden werde ich deshalb auf diese zusätzlichen wichtigen Aspekte noch näher eingehen.

Vier Auto-Mythen und wie es wirklich ist

In unserer Gesellschaft sind mit dem Autobesitz einige zentrale Versprechen verbunden. Versprechen, die teilweise gut begründbar sind, teilweise aus einer anderen Zeit kommen und teilweise nur Scheinversprechen sind. Versprechen, die von der Automobilindustrie in ihrer Werbung gezielt bedient werden. Versprechen, die viele von uns seit ihrer Kindheit vorgelebt und vermittelt bekommen. Zentrale Versprechen, die jedem modernen Menschen so wichtig sind, dass man bei dem Gedanken, kein Auto mehr zu besitzen, schon mal kurz Muffensausen bekommen kann. Uns ging es jedenfalls so. Erst die Jahre ohne Auto haben uns schrittweise ermöglicht, diese vier zentralen Auto-Mythen aus anderen Blickwinkeln zu betrachten.

Freiheit

Das wahrscheinlich wichtigste Versprechen. Keine politische Diskussion über Tempolimit oder Einschränkungen für den motorisierten Individualverkehr ohne einen Politiker (meistens sind es Männer), der nicht vor der Einschränkung der individuellen Freiheit des mobilen Einzelnen warnt. Das Freiheitsversprechen des Autos ist gesellschaftlich tief verwurzelt und hat seinen Ursprung in der deutschen Nachkriegszeit. Das Auto ermöglichte einem Land im Wiederaufbau eine bisher nicht gekannte, grenzenlose Mobilität. Ein Symbol des Fortschritts und auch einer neuen Weltoffenheit.

Ich habe diesen Freiheitseffekt selbst erlebt. Aufgewachsen in den 1980er-Jahren in einem Dorf mit 700 Einwohnern, in dem nur dreimal am Tag ein Bus anhielt, war ich bis zur Volljährigkeit für Mobilität immer auf meine Eltern angewiesen. Mein erstes eigenes Auto war ein persönlicher Befreiungsschlag. Auf einmal unabhängig ins Kino, zur nächsten Party oder Disco zu fahren, war fantastisch. Im Laufe der Jahre, vor allem mit dem Wegzug in größere Städte, habe ich begonnen, die Schattenseiten dieses Freiheitsbegriffs zu sehen.

Wir hatten plötzlich die Freiheit, jedes Mal nach einer Autofahrt erst mal noch 20 Minuten einen Parkplatz zu suchen. Direkt vor der Tür war der nämlich meistens nichts frei. Unsere Freiheit bestand darin, mit dem Auto zweimal im Jahr in die Werkstatt zu fahren (»nur eine Kleinigkeit, Herr/Frau Bielinski«) und drei Tage später auf den Anruf des Meisters zu warten. (»Jaaaa, da haben wir jetzt noch was am Vergaser gefunden und der Keilriemen, ach, ach … Macht dann zusammen 1500 Euro.«)

Es war grenzenlose Freiheit, als wir ein gebrauchtes Auto abholten und schon auf der Rückfahrt nach München der Motor komplett kaputtging. Mitten auf der Autobahn. Und als wir einen Gebrauchtwagen bei einem Händler kauften und eine Woche später feststellten, dass das Display nur noch flackert und offensichtlich ein Mangel vorliegt, der Händler dies aber, überraschenderweise, komplett anders sah.

Und wie viel Freiheit im Spiel war bei den zwei abgefahrenen Rückspiegeln an unserem parkenden Auto. Also vor allem die Freiheit für die beiden Rückspiegel-Abfahrer, sich nicht zu melden. Gemeldet hat sich immerhin der Lkw-Fahrer, der unser in Freiheit parkendes Auto seitlich ein bisschen aufgeschlitzt hat.

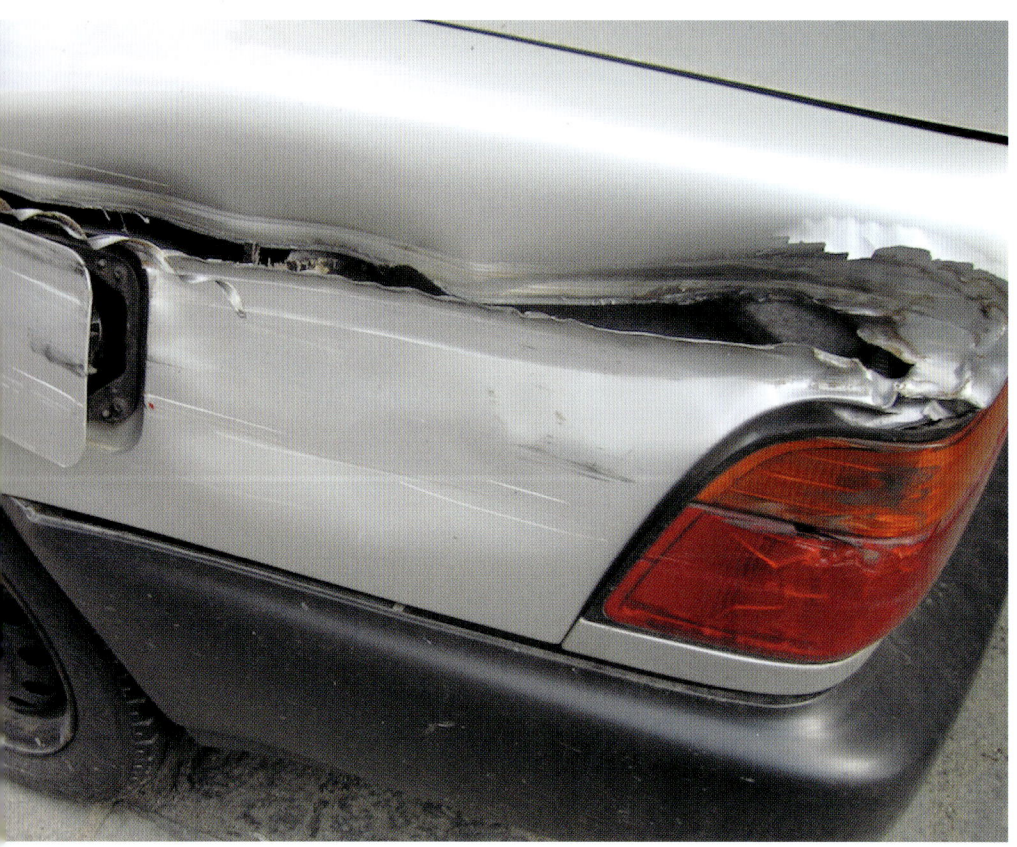

Weiterhin zählten zu unseren Freiheiten: Reifen wechseln, TÜV-Termine ausmachen, gemeinsam mit anderen freien Autofahrern im Stau stehen, Kfz-Versicherungen vergleichen, neue Autos recherchieren und Kfz-Steuer zahlen. Die Freiheitsmaschine aus meiner Jugend war auf einmal eine große Freiheitsberaubungsmaschine geworden. Sie hinderte uns auch daran, für jede Fahrt ein passendes Verkehrsmittel frei zu wählen. Denn natürlich nimmt man, wenn man schon ein Auto hat, für jede Fahrt dann auch dieses Auto. Sonst steht es ja noch länger nutzlos herum.

Dazu kommt: Diese vermeintliche Freiheit des Einzelnen schränkt im Umkehrschluss alle anderen ein, die nicht im Auto sitzen. Anwohner stark befahrener Straßen, die unter schlechter Luft und Lärm leiden, und Fußgänger und Radfahrer, die sich den letzten Rest Platz, den vierspurige Autostraßen noch übrig lassen, teilen müssen.

Wir fühlen uns ohne eigenes Auto viel freier als früher. Befreit von Zwängen, Terminen und Sorgen. Außerdem geben wir nicht mehr so viel Geld für Mobilität aus und haben dadurch mehr finanzielle Freiheit gewonnen.

Spontanität

Eine der ersten Reaktionen auf unseren Autoverkauf kam von Freunden, die uns besorgt fragten: »Könnt ihr dann überhaupt noch spontan zu IKEA fahren!?« Das eigene Auto vor der Tür steht dort auch als Garantie, um jederzeit, sofort, spontan hineinspringen zu können und irgendwohin zu fahren. In der Theorie stimmt das auch. Man muss nichts vorher buchen, keine Auswahl treffen. Es steht immer da, voll einsatzbereit, wenn der Sprit nicht so teuer und die Nachbarn so lärmempfindlich wären, am besten noch mit laufendem Motor. Man weiß ja nie, wann man mal spontan losmuss. So ähnlich haben wir tatsächlich auch gedacht und der Spontanitätsverlust war eine unserer größten Sorgen. Wir haben dann aber schnell gemerkt: So ein bundesdurchschnittliches Familienleben mit Kindern ist vieles, aber spontan eher nicht. Nahezu alle Fahrten, die wir im ersten Jahr ohne eigenes Auto gemacht haben, waren Fahrten, die wir auch mit eigenem Auto länger im Voraus geplant hätten. Urlaube? Schon allein wegen der Unterkunftssuche in den Ferienmonaten mindesten ein halbes Jahr im Voraus. Familienfeiern? Omas Geburtstag ist jedes Jahr am selben Tag, die Hochzeiten werden mindestens ein Jahr im Voraus angekündigt. Der Wochenendausflug mit Freunden? Wenn das nicht eine Woche im Voraus besprochen wird, kommt bestimmt wieder jemandem was dazwischen. Unsere Erkenntnis: Die meisten Menschen stecken mit Beruf, Familie und Alltag in so einem engen Zeitkorsett, dass für impulsive Mobilitätsausbrüche eigentlich gar keine Zeit bleibt. Spontanität ist bei Mobilität überbewertet. Wir hatten in den zurückliegenden Jahren auch bei sehr kurzfristiger Planung noch nie das Problem, dass wir irgendwo nicht hingekommen sind, wo wir hinwollten. Es fuhr immer ein Carsharingauto oder eine Bahn. Auch zu IKEA.

Wenn Sie selbst herausfinden möchten, wie oft Sie Ihr Auto wirklich spontan brauchen, nutzen Sie dazu das im vorangegangenen Kapitel beschriebene Fahrtenbuch und vermerken Sie bei jeder Fahrt in einer zusätzlichen Spalte, ob Sie von langer Hand geplant oder spontan aus dem Bauch heraus unterwegs waren.

Schnelligkeit

»Mit dem Auto kommt man einfach am schnellsten von A nach B« ist ein häufig gehörtes Argument. Das stimmt, zumindest zum Teil. Es stimmt, weil die Verkehrsinfrastruktur in Deutschland immer noch hauptsächlich für den individuellen Autoverkehr gebaut wird. Und je weiter man sich von Ballungszentren entfernt, desto schwieriger wird es, ohne Auto mobil zu bleiben. In meiner 700-Einwohner-Heimat gibt es auch heute noch keinen nennenswerten ÖPNV. Die Anreise ohne Auto wird dadurch komplizierter und braucht natürlich auch mehr Zeit, als direkt mit dem Auto hinzufahren.

Wenn man aber genauer und ehrlicher hinschaut und statt der reinen Fahrtzeit, die das Navigationsgerät ausgibt, auch den Stau, den Stopp an der Raststätte und die Park-platzsuche mit einberechnet und, wenn man ganz genau ist, auch noch die Lebens-zeit, die Autobesitz in Anspruch nimmt, dann schrumpft der Zeitvorteil des eigenes Pkw in vielen Fällen deutlich zusammen.

München–Berlin: Zeitvergleich

Von München nach Berlin, mit der Bahn oder mit dem Auto – hier geht es mit der Bahn schneller.

Und ganz konkret gibt es viele Strecken in Deutschland, bei denen das Auto, selbst bei optimalen Verkehrsbedingungen, im Vergleich zur Bahn gleich schnell oder sogar langsamer ist.

Im direkten Vergleich benötige ich von meiner Haustür in München bis zu meinem Hotel am Berliner Alexanderplatz mit der Bahn fünf Stunden und 20 Minuten. Mit dem Pkw würde ich sechs Stunden brauchen.

München–Albstadt (250 Kilometer)

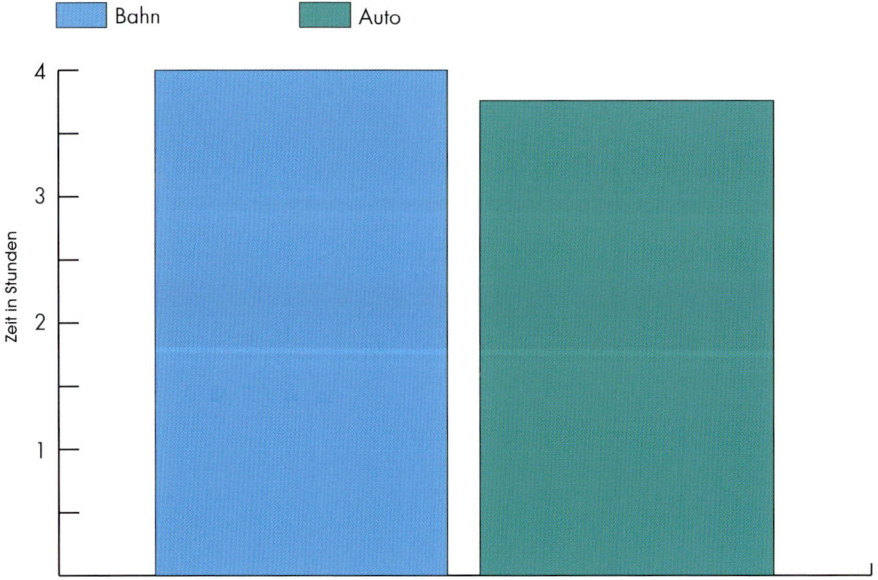

Bei einer Strecke zwischen Großstadt und Kleinstadt bzw. ländlichem Raum ist man mit dem Auto zwar schneller als mit der Bahn, aber der Unterschied ist minimal.

Und selbst bei Verbindungen in den ländlichen Bereich ist die Fahrt mit der Bahn nicht unbedingt wesentlich länger. Beruflich muss ich mehrmals im Jahr von München auf die Schwäbische Alb nach Albstadt fahren. Ein klassischer ländlicher Raum, wo die Verkehrsinfrastruktur vor allem auf das Auto ausgelegt ist. Aber es gibt immerhin einen Bahnhof. Und obwohl die Fahrt dorthin mit zweimal umsteigen und einer halbstündigen Zwangspause in Sigmaringen nicht optimal ist, bin ich am Ende nur 15 Minuten länger unterwegs als mit dem Auto. Ein genauer Vergleich bei einzelnen Verbindungen lohnt sich also auch immer zeitlich.

Komfort

Moderne Autos sind bequem und praktisch. So werden sie in der Werbung gerne präsentiert und die Autohersteller haben in den letzten Jahrzehnten immer mehr Annehmlichkeiten in ihre Fahrzeuge eingebaut. Autos sind für viele Menschen mittlerweile verlängerte Wohnzimmer. Und in einer perfekten Autowelt, in der es keine Staus, Parkplatzsuche und Pannen gibt, ist es, gerade auch für Familien, sehr komfortabel, direkt vor der eigenen Haustür einzusteigen und am Ziel wieder vor der nächsten Haustür zu parken. Aber diese perfekte Autowelt gibt es nicht. Vor, nach und während einer Autofahrt gilt es einige Dinge zu regeln, die eher unkomfortabel sind. Wir haben diese Dinge aber gesellschaftlich so akzeptiert und verinnerlicht, dass wir sie gar nicht mehr wahrnehmen und als gegeben betrachten. Nutzen wir dagegen mal die Bahn für eine längere Fahrt, ist die Anfahrt zum Bahnhof gleich total anstrengend und die Mitreisenden im Zug nerven natürlich sofort. Dass es alle diese Unannehmlichkeiten in ähnlicher Form auch bei einer Autofahrt gibt, ignorieren wir geschickt. Eine Bahnfahrt kann durchaus auch sehr komfortabel sein. Ich kann mit meinen Kindern an einem Tisch sitzen, mit ihnen spielen, einen Film schauen oder schlafen. Komfort, den ich auf der Autobahn als Fahrer nicht habe.

AUTOFASTEN

Sie sind immer noch nicht vollständig überzeugt, ob das ohne eigenen Pkw wirklich funktioniert? Dann probieren Sie es doch einfach mal aus. Die evangelischen Kirchen in Deutschland rufen einmal im Jahr zum »Autofasten« auf. Während der österlichen Fastenzeit geht es darum, auf das Auto ganz oder teilweise zu verzichten. Die Aktion will damit einen Beitrag zur Verkehrswende und für mehr Klimaschutz leisten. Nehmen Sie sich die Aktion als Vorbild, gerne auch außerhalb der Fastenzeit, und versuchen Sie einen Monat lang, Ihr Auto so wenig wie möglich zu benutzen.

Tipps zum Autofasten

▶ Recherchieren Sie Carsharing-Anbieter in Ihrer Umgebung und testen Sie diese.
▶ Schauen Sie nach, welche Zugverbindungen es in Ihrem Ort gibt.
▶ Planen Sie Ihren Weg zur Arbeit neu.
▶ Erledigen Sie Ihre alltäglichen Besorgungen zu Fuß oder mit dem Rad.
▶ Kaufen Sie sich ein Monatsticket für den ÖPNV und nutzen Sie es.
▶ Testen Sie verschiedene Mobilitäts-Apps, leihen Sie sich Räder und E-Scooter aus.
▶ Führen Sie eine Tabelle, in die Sie die Kosten für Ihre neu erprobte Mobilität eintragen, und vergleichen Sie sie am Ende des Monats mit den Kosten, die Ihr Auto verursacht.
▶ Berechnen Sie mit einem Onlinerechner Ihren neuen autofreien ökologischen Fußabdruck und vergleichen Sie ihn mit dem alten.

Wenn Sie dann endgültig überzeugt sind, dass es auch ohne geht, ist es Zeit für den wichtigsten Schritt: **Verkaufen Sie Ihr Auto!**

Das wird vielleicht noch mal ein bisschen unangenehm. Sie werden für Ihr Auto wahrscheinlich weniger Geld bekommen, als Sie sich erhoffen. Sowohl Gebrauchtwagenhändler als auch Onlineverkaufsplattformen sind raue Pflaster, bei denen kein Geld verschenkt wird. Der Wertverlust bei einem Pkw ist real und Sie werden ihn hier noch mal schmerzhaft zu spüren bekommen. Und wenn Ihr Auto dann endgültig auf dem Schotterparkplatz des Gebrauchtwagenhändlers Ihres Misstrauens steht, werden Sie höchstwahrscheinlich wehmütig werden. Das ist normal. Dafür, dass ein Auto eigentlich nur ein funktionales Stück Technik ist, verbinden wir damit sehr viele Emotionen und Erinnerungen. Viele Menschen geben ihren Autos eigene Namen und schmücken sie mit aufwendigen Verzierungen. Der erste Kuss im eigenen Auto, der erste Urlaub alleine, der Auszug aus dem Elternhaus. Alles mit und im eigenen Auto erlebt. Das verbindet.

Wir waren tatsächlich auch erst mal traurig, als wir unseren Familienkombi verkauft hatten. Vor allem unsere Kinder konnten sich ein Leben ohne »unser« Auto nicht vorstellen. Mittlerweile sind sie die größten Bahnfans, finden es ganz normal, ein Auto bei Bedarf zu leihen, und haben mehr Umweltbewusstsein als ihre Eltern. Sehen Sie Ihr Auto nicht als Familienmitglied, sondern als rostige Spardose mit einem Loch im Boden, in die Sie jeden Monat viel Geld einwerfen und die dafür die meiste Zeit des Tages nur nutzlos rumsteht. Dann wird Ihnen auch der Gang zum Gebrauchtwagenhändler ein Leichtes sein. Sie werden es nicht bereuen.

◗ **Tipps und Links zum Autoverkauf finden Sie unter:**
einfachautofreileben.de/autoverkauf.

MOBILITÄT UND CORONA

Am 12. März 2020, ich bin gerade mitten in der Arbeit zu dem Buch, das Sie gerade in der Hand halten, mache ich einen kleinen Wanderausflug zum Spitzingsee. Ich fahre mit dem Regionalzug von München bis Fischhausen. Von dort geht es weiter mit dem Wanderbus zum höher gelegenen Bergsee. In den Tagen davor hat die Berichterstattung über das Coronavirus medial an Fahrt aufgenommen. Ich höre seit einigen Tagen den Podcast »NDR Coronavirus-Update« mit dem Virologen Christian Drosten und beginne langsam zu ahnen, dass gerade etwas Historisches passiert, kann aber noch nicht recht greifen, was das konkret für meinen Alltag bedeuten wird.

In der Regionalbahn ist noch alles normal, andere Wanderer sitzen ein paar Sitzplätze weiter, Pendler steigen in München zu und später wieder aus, Schüler sind unbeschwert auf dem Weg zur Schule. Als ich dann in Fischhausen von der Bahn in den Bus umsteige, merke ich zum ersten Mal so richtig, dass sich gerade etwas verändert. Ich darf beim Busfahrer nicht mehr vorne einsteigen. Der ganze Fahrerbereich ist mit rot-weißem Absperrband gesichert. Die vordere Tür bleibt geschlossen, der Busfahrer vermeidet jeden Kontakt mit den Fahrgästen.

Am 13. März 2020 verkündet das bayrische Kultusministerium, dass ab dem folgenden Montag alle Schulen für die nächsten fünf Wochen geschlossen bleiben, in anderen Bundesländern läuft es ähnlich. Eine Woche später fährt durch München die Feuerwehr und fordert die Bevölkerung per Lautsprecherdurchsage auf, zu Hause zu bleiben. Das Land begibt sich in einen Zustand, den viele als »Lockdown« bezeichnen. Das gesellschaftliche Leben wird drastisch heruntergefahren, öffentliche Einrichtungen geschlossen, wer kann, arbeitet im Homeoffice.

Während ich diese Zeilen schreibe, nach einem fast schon normalen, entspannten Sommer, begibt sich das Land in den zweiten Lockdown. Wir haben als Gesellschaft mittlerweile einiges dazugelernt. Wie sich das Virus verbreitet, was die besten Schutzmaßnahmen sind und wie wir am besten mit dem Coronavirus umgehen. Welche persönlichen und gesellschaftlichen Kompromisse und Einschränkungen wir eingehen wollen und können. Mitten heraus aus diesem fortschreitenden Lernprozess versuche ich, im Folgenden einen kurzen Zwischenbericht zu geben. Wie beeinflusst das Coronavirus Mobilität im großen Kontext und wie in unserem ganz persönlichen Bereich? Nach bestem Wissen und Gewissen. Aber auch in dem Wissen, dass es zum Veröffentlichungszeitpunkt dieses Buches vielleicht schon wieder neue Erkenntnisse, neue Regeln und Maßnahmen geben wird. Ich werde das Thema Corona und Mobilität deshalb auch weiterhin in meinem Blog begleiten, siehe einfachautofreileben.de/corona.

Corona hat zu Beginn das allgemeine Verkehrsaufkommen drastisch reduziert. In der Zeit des Lockdowns im März und April 2020 ging die mittlere Verkehrsbelastung in zahlreichen deutschen Großstädten teilweise um 40 Prozent zurück.[5] Kurzfristig verringerte sich dadurch die Schadstoff- und Lärmbelastung des Verkehrs deutlich und es gab weniger Staus und Verkehrsunfälle. Laut einer ersten Studie aus Baden-Württemberg legten gleichzeitig viele Menschen mehr Kilometer zu Fuß und mit dem Rad zurück.[6] Viele Städte unterstützten diese Entwicklung und richteten unkompliziert neue Pop-up-Radwege ein, stellten Autoparkplätze für die Gastronomie zur Verfügung und widmeten Autostraßen zu Spielstraßen um.

Corona sorgte auch nach dem Ende des Lockdowns dafür, dass die Menschen sich weniger fortbewegten. Urlaub fand 2020 bei vielen gar nicht oder nur innerhalb Deutschlands statt, noch immer arbeiten viele Menschen im Homeoffice und große Veranstaltungen bleiben bis auf Weiteres abgesagt. Es gibt wenig Gründe, unterwegs zu sein.

Das haben wir auch persönlich gemerkt. Nach einer ersten, reflexhaften Überlegung, ob es jetzt vielleicht doch sinnvoll sein könnte, ein Auto zu besitzen, haben wir relativ schnell festgestellt, dass wir gar nicht mehr mobil sein müssen. Die geplanten Familienbesuche in den Osterferien? Fielen aus. Oma und Opa gehören zur Risikogruppe. Urlaub in den Pfingstferien? Schweden war Risikogebiet. Der Weg zur Arbeit? Vom Schlafzimmer ins Arbeitszimmer sind es gerade mal zwei Türen. Wir befanden uns größtenteils in unserer Wohnung oder machten Ausflüge zu Fuß oder mit dem Fahrrad.

Kilometervergleich Lockdown-Zeitraum 2020 mit den Vorjahren

● Fahrten 2017 ● Fahrten 2018 ● Fahrten 2019 ● Fahrten 2020

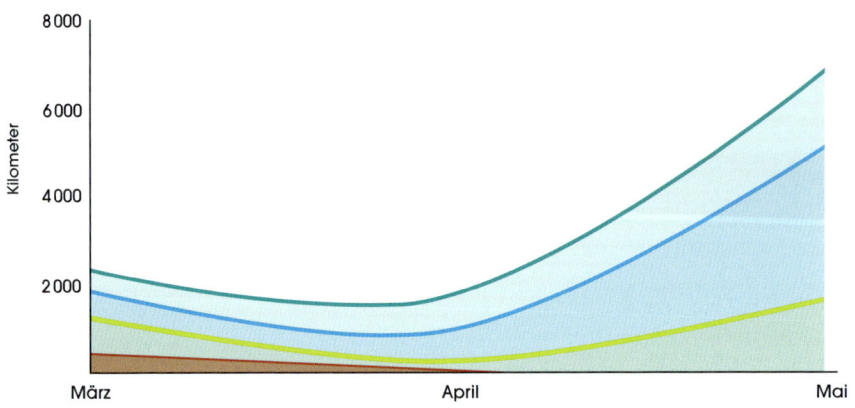

Unser Fahrverhalten im Frühjahr in den Jahren 2017 bis 2020 – schon vor dem Lockdown legten wir Jahr für Jahr weniger Kilometer zurück.

Die Einschränkungen sieht man in den ersten drei Corona-Monaten sehr gut an unserer Mobilitätsstatistik. Anfang März machte meine Frau noch einen längeren Wochenendausflug, danach fuhren wir bis Ende Mai keine einzige längere Strecke mehr.

Das bedeutet auch, dass wir in diesem Zeitraum keinerlei Ausgaben für Mobilität hatten. Hätten wir noch ein eigenes Auto vor der Tür stehen, hätten wir, ohne auch nur einen Kilometer zu fahren, jeden Monat Fixkosten von mindestens 300 Euro gehabt (siehe das Kapitel »Die privaten Kosten« ab Seite 43). Wir konnten also unsere

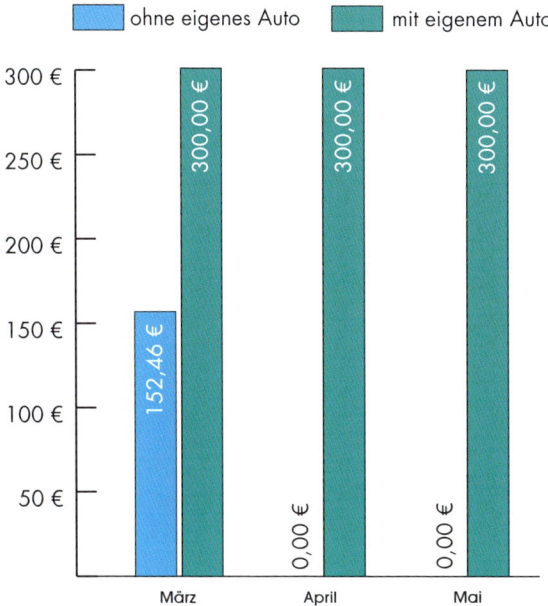

Mobilitätskosten im Lockdown 2020

Unsere Mobilitätskosten im Frühjahr 2020 – und wie wir sie mit eigenem Auto gehabt hätten.

Mobilitätskosten ohne größeren Aufwand auf die aktuelle Situation anpassen und, mit Ausnahme unserer ÖPNV-Abo-Karten, von einem Tag auf den anderen auf null herunterfahren.

Aber wie sieht es jetzt bei uns nach dem Ende des ersten Lockdowns aus? Wir haben nach wie vor keine Probleme dabei, auf nachhaltige Alternativen zum Auto zu setzen. In unserem nahen Umfeld hat sich nicht so viel geändert. Wir sind in der Stadt, wie auch schon zuvor, meistens mit dem Rad oder zu Fuß unterwegs. Wenn es nicht anders geht, wird auch der ÖPNV genutzt (natürlich mit Maske und Abstand). Ein eigenes Auto wäre für uns für alle Wege im nahen Umfeld noch nutzloser, weil es durch die neuen Radspuren und den Rückbau an Parkplätzen insgesamt noch unattraktiver in der sowieso schon vor dem Verkehrsinfarkt stehenden Stadt wird. Auf längeren Strecken gibt es für uns weiterhin vor allem zwei Alternativen: die Bahn oder das Auto. Die erste einstündige Bahnfahrt mit Mundschutz war komisch, aber man gewöhnt sich schneller daran, als man denkt. Mittlerweile sind wir schon mehrmals Bahn gefahren, waren sogar mit der Bahn im Urlaub in Südtirol (einfachautofreileben.de/meran). Wir hatten dabei immer ein gutes und sicheres Gefühl, da die meisten Fahrgäste sich an die geltenden Hygieneregeln hielten und gleichzeitig das allgemeine Infektionsgeschehen sehr gering war. Aber natürlich besteht in der Bahn grundsätzlich ein Infektionsrisiko. Wie hoch das ist, wird, während ich das hier schreibe, von ersten wissenschaftlichen Studien untersucht.

Deutlich geringer dürfte das Infektionsrisiko bei einem Carsharingauto sein. Laut Robert Koch-Institut besteht bei geteilten Autos vor allem ein Übertragungsrisiko durch eine sogenannte Schmierinfektion, also die Weitergabe des Coronavirus über Oberflächen. Die stationären Carsharing-Anbieter, die im Bundesverband Carsharing organisiert sind (siehe Kapitel »Carsharing«), haben im Laufe der Corona-Pandemie deshalb zusätzliche Hygienemaßnahmen ergriffen und reinigen die Fahrzeugflotte regelmäßig und gründlich. Dadurch, dass ihre Fahrzeugflotten stationär immer am selben Ort stehen, geht das auch effizienter als bei den Free-Floating-Anbietern, deren Autos immer an unterschiedlichsten Stellen stehen können. Zusätzlich kann jede/r Nutzer*in das Infektionsrisiko für sich selbst und die Nachmieter*innen verringern, indem man sich an die empfohlenen Hygienemaßnahmen hält und im Auto zum Beispiel an die Niesetikette denkt, sich regelmäßig die Hände desinfiziert und nicht unnötig mit den Händen das Gesicht berührt.

Bei stark ansteigendem Infektionsgeschehen können wir also, bei relativ geringem Risiko, wie gewohnt auf unseren Carsharing-Anbieter zugreifen. Das Ansteckungsrisiko durch eine Schmierinfektion scheint überschaubar und besteht auch in anderen öffentlichen Bereichen wie zum Beispiel öffentlichen Gebäuden oder Supermärkten. Außerdem zeichnet sich, während des Schreibens dieser Zeilen, zu Beginn der zweiten Welle ab, dass wir für den Rest des Jahres wahrscheinlich sehr wenig unterwegs sein werden. Die Herbstferien auf Rügen wurden abgesagt, die Familienbesuche an Weihnachten ebenfalls. Die Frage nach dem geeigneten Verkehrsmittel entfällt wieder und wir können unsere Kosten schnell auf null herunterschrauben, weil kein Auto vor unserer Tür ungenutzt vor sich hin rostet.

AUTOFREI AUF DEM LAND

In Deutschland leben knapp 16 Millionen Menschen im ländlichen Raum. Der ADAC hat in einer großen Umfrage herausgefunden, dass auf dem Land bei der sogenannten Vielnutzung (mehr als 100 Tage im Jahr) das Auto (MIV – mobiler Individualverkehr) mit Abstand vorne liegt. Danach folgt zu Fuß gehen und Rad fahren. Der ÖPNV (ÖV) wird am wenigsten genutzt und die Landbewohner sehen dort auch das größte Verbesserungspotenzial. Es gibt zu wenig Verbindungen, keine Direktverbindungen, die Busse fahren zu selten und brauchen zu lang. Auch eine Studie des Bundesverkehrsministeriums bestätigt: Das Auto ist im ländlichen Raum unangefochten das Hauptverkehrsmittel.

Würde ich heute mit meiner Familie zurück in mein Heimatdorf ziehen – wir müssten uns sehr wahrscheinlich auch wieder ein Auto kaufen. In meiner alten Heimat ist die ÖPNV-Situation noch exakt genauso prekär wie vor 30 Jahren, kein Carsharing-Angebot weit und breit, keine zusätzlichen Busse. Wenn ich meine Eltern besuche, komme ich mit der Bahn sehr gut bis zur großen Kreisstadt. Aber die letzten 20 Kilometer

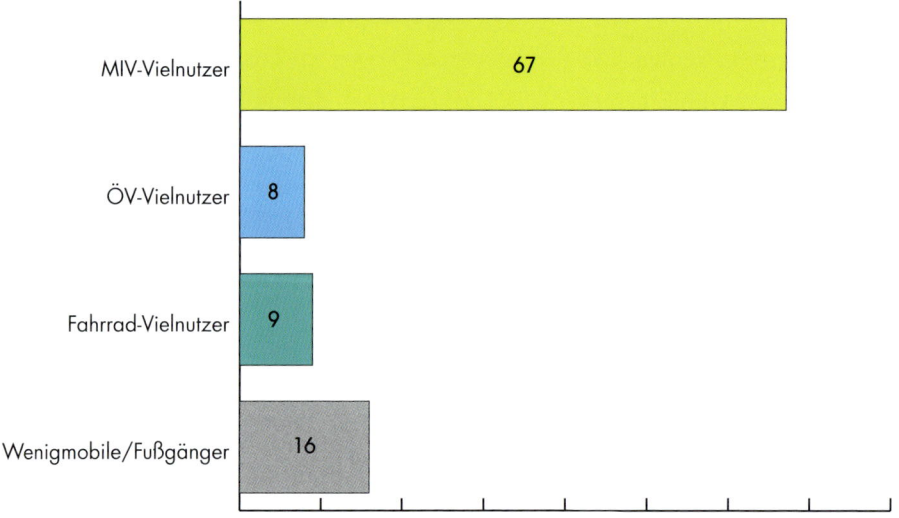

Auf dem Land ist das Auto mit Abstand die meistgenutzte Fortbewegungsmittel.

vor die Haustür sind ohne Auto kaum zu bewältigen. In dünn besiedelten Gebieten ist es wesentlich teurer, vernetzte ÖPNV-basierte Verkehrssysteme zu schaffen. Gleichzeitig wurden in den letzten Jahrzehnten in vielen ländlichen Gebieten Bahnstrecken zurückgebaut. Kompletter Verzicht auf ein Auto ist dort nur unter größeren Anstrengungen und Einschränkungen möglich. Aber es gibt Ansätze und Ideen, mit denen Sie auch als Landbewohner*in Ihre Autokilometer reduzieren und vielleicht zumindest den dort weitverbreiteten Zweitwagen abschaffen können.

Fahrrad, E-Bike und zu Fuß

Ich weiß aus meinem eigenen Umfeld, dass es auf dem Dorf für viele normal ist, auch kürzere Wege innerhalb des Ortes mit dem Auto zurückzulegen. Versuchen Sie, diese Strecken des Alltags einfach öfter zu Fuß oder mit dem Fahrrad zu bewältigen. Für längere Wege zwischen verschiedenen Ortschaften mit Steigungen kann ein E-Bike eine komfortable Alternative zur Autofahrt sein.

Fahrgemeinschaften, Mitfahrbänke und privates Carsharing

Der Vorteil des Landlebens: Man kennt sich meist noch persönlich. Dadurch herrscht ein anderes Vertrauensverhältnis untereinander. Und mit diesem Vertrauen lässt sich Mobilität einfacher gemeinschaftlich nutzen. Sie können mit Ihren Nachbarn gemeinsame Einkaufstouren planen oder eine Fahrgemeinschaft zur Arbeit gründen. Gerade ältere Personen brauchen auf dem Land ihr Auto nicht mehr unbedingt jeden Tag. Bevor es nutzlos auf dem Hof steht, könnte man sich zusammentun und eine private Carsharing-Gemeinschaft gründen. Der VCD Verkehrsclub Deutschland e. V. bietet dafür einen Mustervertrag und weitere Tipps zur Organisation an. In einigen ländlichen Gemeinden gibt es auch sogenannte Mitfahrbänke, die meistens auf dem Dorfplatz stehen. Wer sich auf die Bank setzt, zeigt mit einem Schild an, wo er oder sie hinwill, und findet so eine Mitfahrgelegenheit. Also das klassische Trampen in einer institutionalisierten und überdachten Version.

Bürgerliches Engagement

Solange die meisten Menschen auf dem Land mit ihrer Automobilität zufrieden sind, werden Politik und Institutionen auch wenig Interesse daran haben, alternative Angebote bereitzustellen. Aber Mobilität ist auch auf dem Land immer eine Frage von gesellschaftlicher Teilhabe und damit politisch.

Gerade für ältere Menschen wird es dort schwierig, sobald sie aufgrund körperlicher Einschränkungen nicht mehr mit dem eigenen Auto selbstständig zum Einkaufen oder zum Arzt fahren können. Wer nicht genug Geld zur Verfügung hat, um sich ein Auto zu leisten, steht gesellschaftlich schnell im Abseits.

Werden Sie selbst aktiv und setzen Sie sich für eine vielfältige, gerechte und nachhaltige Mobilität in Ihrer Gemeinde ein. Organisieren Sie in Kooperation mit dem Rathaus ein »Dorfauto«, unterstützen Sie die Bürgerinitiative, die sich für die Wiederinbetriebnahme der stillgelegten Eisenbahnstrecke starkmacht, oder lassen Sie sich in den Gemeinderat wählen und setzen Sie sich dort für eine bessere Versorgung mit Ruftaxis oder Bürgerbussen ein. Sobald man den Satz »Auf dem Land geht es ohne eigenes Auto einfach nicht« umformuliert in »Auf dem Land ist die Infrastruktur noch nicht so weit, dass es ohne eigenes Auto geht«, eröffnen sich völlig neue gedankliche und konkrete Räume für alternative Mobilitätskonzepte – auch auf dem Land. Weitere Links und Beispiele zu ländlicher Mobilität finden Sie unter endlichautofrei.de/landleben.

Hast du einen Führerschein?

Nein, habe ich nicht. Mit 17 wollte ich den eigentlich machen. Das hat dann erst mal nicht ge-klappt und später, während des Studiums, hat mir dann zuerst die Zeit und auch ein bisschen das Geld dafür gefehlt. Irgendwann habe ich mir dann die Frage gestellt, ob ich den Führerschein wirk-lich brauche, und ich habe mich schließlich dagegen entschieden.

Welche Verkehrsmittel nutzt du?

Für längere Strecken zur Arbeit oder zur Hochschule sind für mich Bus und Bahn am wichtigsten. In der Bahn kann ich die Zeit besser nutzen, kann arbeiten und E-Mails schreiben. Im Ort erledige ich sicher mehr Sachen zu Fuß als andere. Für Einkäufe und kleinere Besorgungen habe ich mir vor Kurzem auch noch ein Fahrrad gekauft. Hier auf dem Land fährt der letzte Bus abends schon sehr früh, das heißt, manchmal fahre ich dann auch bei Freunden mit oder nehme mir ein Taxi.

Wie machst du Urlaub?

Dafür nutze ich die Bahn oder in den letzten Jahren fahre ich auch vermehrt mit dem Fernbus. Fernbusse habe ich am Anfang zuerst gemieden, weil ich Vorurteile bezüglich der Zuverlässigkeit hatte. Aber die Erfahrungen, die ich damit in den letzten Jahren gemacht habe, waren durchgehend positiv. Lange Flüge versuche ich zu vermeiden. Innerhalb Deutschlands nutze ich aus umweltpoli-tischer Überzeugung kein Flugzeug.

Du engagierst dich auch politisch, sitzt im Gemeinderat und beschäftigst dich dort mit dem Thema Mobilität. Was treibt dich da an?

Das Thema hat für mich eine übergeordnete Bedeutung. Neben Umwelt und Klima stellt sich für mich auch die Frage, wie eine Gesellschaft aussehen könnte, in der nicht jeder ein eigenes Auto hat. Was könnte man mit dem Platz machen, den wir heute für Straßen und Parkplätze benötigen? Es könnte neuer öffentlicher Begegnungsraum entstehen, den wir heute dringender denn je brauchen. Das gilt natürlich vor allem für dicht besiedelte Städte, aber auch bei uns hier auf dem Land lohnt es sich, darüber nachzudenken.

Was muss dafür konkret getan werden?

Die Vernetzung der Mobilitätsmittel muss viel besser und einfacher werden. Es braucht einen Dienst für alle Verkehrsmittel, mit dem man Bahn, ÖPNV und ein Carsharingauto einfach und in einem Rutsch buchen kann. Außerdem liegen seit Jahren viele ländliche Bahnstrecken brach. Die muss man wieder aktivieren. Und gerade für Jugendliche bräuchten wir auf dem Land einen Ausbau von Sammel- und Ruftaxis, damit man auch samstagnachts von der Disco noch sicher nach Hause kommt. Um das am Anfang alles kostendeckend hinzubekommen, braucht es natürlich die finanzielle Unterstützung der Kommunen. Je mehr Auslastung diese neuen Verkehrsmittel dann haben, desto eher werden sie sich auch selbst tragen.

Vermisst du manchmal ein Auto?

In seltenen Fällen, in denen mal eine Bahn in die nächste Stadt ausfällt, wünsche ich mir manchmal für einen kurzen Moment, doch etwas individueller unterwegs zu sein. Aber dann denke ich darüber nach, ob es mir wirklich Spaß machen würde, diese Strecke jetzt mit einem Auto zu fahren und Zeit im Stau zu vergeuden. Dann ist der Gedanke auch schon wieder weg. Die Vorteile der Autolosigkeit überwiegen für mich eindeutig.

EIGENVERANTWORTUNG VERSUS POLITIK

Ich bin eigentlich immer skeptisch, wenn bei politischen und gesellschaftlichen Problemen die Verantwortung auf den einzelnen Bürger abgeschoben wird. Ich glaube, man kann ausbeuterische Produktion von Kleidung am besten verhindern, indem es ganz klare, verbindliche Vorgaben von der Politik für die Wirtschaft gibt und nicht indem jeder einzelne Verbraucher bewusster und fairer einkauft. Und ich glaube nicht, dass es eine tierfreundlichere Fleischproduktion geben wird, indem man die Verbraucher immer nur wieder daran erinnert, doch endlich mal Biofleisch einzukaufen. Produktionsprozesse sind in der heutigen globalisierten Welt so komplex, dass es für den einzelnen Verbraucher nur mit viel Engagement möglich ist, fair und umweltbewusst einzukaufen. Und gleichzeitig sind die Preise für diese Produkte dann so hoch, dass viele Bevölkerungsschichten sich das gar nicht leisten können. Die Verantwortung auf den Verbraucher abzuschieben, ist das einfachste Mittel, das aber nur in den seltensten Fällen wirklich was bewegt. Hätte es in den 1980er-Jahren nicht klare gesetzliche Vorgaben und Verbote für die Autoindustrie gegeben, wären Katalysatoren wahrscheinlich nie in Autos eingebaut worden. Hätte es Anfang der 1990er-Jahre kein FCKW-Verbot gegeben, wäre die Ozonschicht heute vermutlich zum größten Teil zerstört. Allein mit der Macht der Verbraucher hätte sie sich sicher nicht in gleichem Ausmaß erholt.

Und trotzdem schreibe ich dieses Buch, in dem ich Ihnen Tipps gebe, wie Sie ganz persönlich nachhaltiger mobil sein können. Mir ist der Widerspruch bewusst, aber ich finde ihn vertretbar.

Ein eigenes Auto vor der Tür zwingt einen auch immer ein bisschen zu einer einseitigen Sichtweise auf Mobilität und versperrt den Blick auf die alternativen Möglichkeiten. Das Leben ohne eigenes Auto eröffnet eine neue, vielfältigere Sicht auf persönliche Mobilität. Und hat man das einmal zu schätzen gelernt, führt es im zweiten Schritt womöglich zu politischem Engagement (oder einer Buchveröffentlichung). Bei der nächsten Wahl unterstützt man eine Partei mit nachhaltigem Verkehrskonzept, sammelt Unterschriften für den lokalen Radentscheid oder organisiert innerhalb der Dorfgemeinschaft einen Bürgerbus.

Auf der privaten Ebene habe ich in den letzten sechs Jahren gelernt, dass es keineswegs ein Verzicht ist, kein Auto zu haben. Autobesitzlosigkeit kann, ganz im Gegenteil, ein sehr großer persönlicher Gewinn sein. Ein Gewinn an Lebensqualität und Geld, ganz ohne Komfortverlust. Kein Auto zu besitzen, ist also keineswegs nur für gut verdienende Privilegierte möglich. Ganz im Gegenteil: Menschen mit wirklich niedrigem Einkommen können sich schon heute gar kein Auto leisten. Für diese wäre es sozial viel gerechter, wenn es einen besseren ÖPNV und billigere Bahntickets gäbe.

Ein Alltag ohne eigenes Auto ist jetzt schon möglich, in einem bundesdeutschen Verkehrssystem, in dem noch immer das meiste Geld für den motorisierten Individualverkehr ausgegeben wird. Nicht auszudenken, wie Mobilität aussehen könnte, wenn wir endlich mit hoher Priorität in ÖPNV, die Bahn und innovative aufeinander abgestimmte Verkehrslösungen investieren würden und wenn die gesellschaftlichen Kosten, die das Auto verursacht, endlich realistisch eingepreist würden. Dass dies politisch passieren wird und muss, glaube ich angesichts des fortschreitenden Klimawandels auf jeden Fall. Wenn Deutschland seine hehren Klimaziele in den nächsten Jahren einhalten will, muss der Verkehrssektor seinen Beitrag dazu leisten.

FAZIT

Ich hoffe, ich konnte Ihnen mit meinem Buch eine neue Perspektive auf Ihren All-tag mit Auto und auf Ihre Mobilität im Gesamten geben. Vielleicht waren Sie bereits beim Gebrauchtwagenhändler und haben einen guten Verkaufspreis ausgehandelt. Vielleicht haben Sie auch gerade erst anfangen, Ihr Fahrtenbuch zu führen und Ihre Pkw-Kosten in eine Excel-Tabelle einzutragen.

Mit dem Lesen dieses Buchs haben Sie den ersten Schritt gemacht und, um die Werbe-kampagne eines großen, deutschen Autoherstellers zu zitieren: Ihr persönliches »Um-parken im Kopf« hat begonnen. Das Beste daran: Es wird nicht im Kauf eines neuen Pkw enden, sondern in einer nachhaltigeren, menschenfreundlicheren Mobilität. Die Verkehrswende im Großen wird gesellschaftlich auf jeden Fall auch kommen. Vielleicht dauert es noch ein paar Jahre, aber wenn der Wandel da ist, sind Sie schon darauf vorbereitet.

Da sich im Mobilitätsbereich so vieles so schnell verändert, werde ich Sie auf meinem Blog im-mer aktuell über die neuesten Carsharing-An-bieter und die günstigsten Bahnschnäppchen informieren. Alle Links zu diesem Buch habe ich auf einfachautofreileben.de veröffentlicht. Auf Twitter und Instagram finden Sie mich als @heibie.

DANKSAGUNG

Brig, Rosa und Theo – schön, dass ihr immer noch gerne mit mir überall hinfahrt. Brügge, ohne den Gedankenaustausch, deine Ideen und den Zahlencheck wäre ich nicht fertig geworden. Danke an Nina Sahm für die tolle Betreuung und an Harry fürs Kontakte knüpfen. Herr Lange-Stuntebeck von STATTAuto München hat mir geduldig viele Fragen beantwortet – Danke dafür. Und auch vielen Dank an meine Interview-Partner*innen. Ihr habt das Buch sehr bereichert. Die Münchner Stadtbibliothek hat mir den ruhigen, inspirierenden Raum, einen (mittelmäßigen) Kaffeeautomaten und WLAN zum Schreiben dieses Buches bereitgestellt. Dafür zahle ich meinen Jahresbeitrag gerne.

QUELLEN

[1] https://www.deutschlandfunk.de/
autos-flugzeuge-zuege-und-industrie-jeder-fuenfte-in-europa.697.de.html?dram:article_id=471790

[2] https://www.clevere-staedte.de/files/tao/img/blog-news/nokumente/
2014-08-05_Flaechen-Gerechtigkeits-Report.pdf

[3] https://de.statista.com/statistik/daten/studie/484054/umfrage/
durchschnittsverbrauch-pkw-in-privaten-haushalten-in-deutschland/

[4] https://carsharing.de/alles-ueber-carsharing/carsharing-zahlen/
carsharing-staedteranking-2019

[5] https://www.sueddeutsche.de/auto/verkehr-stau-corona-1.4857721

[6] https://www.sueddeutsche.de/wirtschaft/verkehr-stuttgart-studie-corona-veraendert-die-
mobilitaet-im-land-dpa.urn-newsml-dpa-com-20090101-200823-99-275422

Statistische Grafiken

https://www.umweltbundesamt.de/indikator-emission-von-treibhausgasen#textpart-1

https://www.bmu.de/fileadmin/Daten_BMU/Pools/Broschueren/
klimaschutz_zahlen_2020_broschuere_bf.pdf

https://de.statista.com/statistik/daten/studie/484072/umfrage/
co2-emissionen-pkw-in-privaten-haushalten-in-deutschland/

https://de.statista.com/statistik/daten/studie/399048/umfrage/
entwicklung-der-co2-emissionen-von-neuwagen-deutschland/

https://www.tagesschau.de/faktenfinder/co2-emissionen-103.html

https://www.umweltbundesamt.de/themen/verkehr-laerm/emissionsdaten - textpart-4

https://www.umweltbundesamt.de/daten/luft/luftschadstoff-emissionen-in-deutschland
#ermittlung-der-emissionsmengen

https://www.umweltbundesamt.de/daten/luft/luftschadstoff-emissionen-in-deutschland
#ermittlung-der-emissionsmengen

https://de.statista.com/statistik/daten/studie/1017347/umfrage/
anzahl-der-staedte-mit-grenzueberschreitendem-stickstoffdioxidwert-in-deutschland/

https://de.statista.com/statistik/daten/studie/1044746/umfrage/
verteilung-der-no2-emissionen-in-deutschland-nach-verkehrsmitteln/

https://www.umweltbundesamt.de/daten/luft/luftschadstoff-emissionen-in-deutschland
#ermittlung-der-emissionsmengen

https://www.umweltbundesamt.de/daten/private-haushalte-konsum/
umweltbewusstsein-umweltverhalten - textpart-4

https://de.statista.com/statistik/daten/studie/220865/umfrage/
anteil-der-deutschen-die-sich-durch-strassenlaerm-belaestigt-fuehlen/

https://de.statista.com/statistik/daten/studie/469234/umfrage/
lautstaerke-neu-zugelassener-pkw-in-deutschland/

https://de.statista.com/statistik/daten/studie/185/umfrage/todesfaelle-im-strassenverkehr/

https://www.destatis.de/DE/Themen/Gesellschaft-Umwelt/Verkehrsunfaelle/Tabellen/
hauptverursacher-fahrzeugart.html; https://docs.google.com/spreadsheets/d/
14d2abquMVPtJ8MwtCkGYCJW0Pg6C4nwd66BWgC7ZZdc/edit?usp=sharing

https://www.destatis.de/DE/Themen/Gesellschaft-Umwelt/Verkehrsunfaelle/Tabellen/ getoetete-fahrzeugart.html;)https://docs.google.com/spreadsheets/d/ 14d2abquMVPtJ8MwtCkGYCJW0Pg6C4nwd66BWgC7ZZdc/edit?usp=sharing

https://www.allianz-pro-schiene.de/wp-content/uploads/2019/08/ 190826-infras-studie-externe-kosten-verkehr.pdf

https://de.statista.com/statistik/daten/studie/163401/umfrage/ anteil-der-strassen-in-deutschland-an-der-gesamtflaeche/

https://www.tagesschau.de/inland/ bahn-studie-101~_origin-ee5a65f5-308f-4647-ac5b-c9045bd332e6.pdf

https://uba.co2-rechner.de

https://carsharing.de/alles-ueber-carsharing/carsharing-zahlen/ aktuelle-zahlen-daten-zum-carsharing-deutschland

https://www.carsharing.de/alles-ueber-carsharing/carsharing-zahlen/ carsharing-staedteranking-2019

https://de.statista.com/statistik/daten/studie/249887/umfrage/ umfrage-zu-fahrgemeinschaften-zum-arbeitsplatz/ https://de.statista.com/statistik/daten/studie/921374/umfrage/ puenktlichkeit-der-fernverkehrszuege-der-deutschen-bahn/

https://de.statista.com/statistik/daten/studie/957842/umfrage/ puenktlichkeit-der-regionalzuege-der-deutschen-bahn/)

https://de.statista.com/statistik/daten/studie/200201/umfrage/gesamte-staulaenge-auf-autobahnen-in-deutschland

https://www.umweltbundesamt.de/themen/verkehr-laerm/nachhaltige-mobilitaet/ radverkehr#gtgt-schnell

https://www.adac.de/verkehr/standpunkte-studien/mobilitaets-trends/monitor-land/

http://www.mobilitaet-in-deutschland.de/pdf/MiD2017_Ergebnisbericht.pdf

VORLAGEN

JÄHRLICHER WERTVERLUST MEINES AUTOS								
Kaufpreis		Aktueller Marktwert		Bisheriger Gesamt-verlust		Anzahl Besitz-jahre		Jährlicher Verlust
	−		=		:		=	

Mein Auto …	
Das macht mir Spaß	Das nervt mich

Fahrtart	Strecke in Kilometern	Wie oft	Gesamtkilometer

Kilometer im Jahr

MEINE JÄHRLICHEN BENZINKOSTEN								
Verbrauch auf 100 Kilometer		Jahresdistanz : 100		Gesamt-verbrauch		Benzin-preis		Gesamt-kosten
	x		=		x		=	
	x		=		x		=	
	x		=		x		=	
	x		=		x		=	
	x		=		x		=	
	x		=		x		=	
	x		=		x		=	
	x		=		x		=	
	x		=		x		=	
	x		=		x		=	
	x		=		x		=	

MEINE JÄHRLICHEN AUTOKOSTEN FÜR _____ KILOMETER

Benzinkosten	
Versicherungen	
Steuer	
Werkstatt	
Parklizenz/Tiefgaragenstellplatz	
Kleinkram	
Wertverlust	

Gesamtkosten	
Gesamtkosten : Kilometer	:
Kilometerpreis	

Fahrtart	Strecke in Kilometern	Wie oft	Gesamt-kilometer	Gesamtkosten Carsharing

Gesamtkosten

Gesamtkosten eigenes Auto

REGISTER

IMPRESSUM

1. Auflage
Copyright © 2021 by Südwest Verlag, einem Unternehmen der
Penguin Random House Verlagsgruppe GmbH, Neumarkter Straße 28, 81673 München

PROJEKTLEITUNG: Nina Sahm
REDAKTION: Susanne Schneider
BILDREDAKTION UND LEITUNG FOTOSHOOTING: Bele Engels
BILDNACHWEIS: Cover: Dusan Petkovic/Shutterstock (oben links), Prostock-studio/Shutterstock (oben Mitte) Frank Bauer (oben rechts), CloudVisual/Shutterstock (Mitte links), cate_89/Shutterstock (Mitte rechts), Dmitry Galaganov/Shutterstock (unten links), BalanceFormCreative/Shutterstock (unten Mitte), j.chizhe/Shutterstock (unten rechts)
S.2/S.8/S.18/S.163 Foto: Frank Bauer; S.14/15_Grigory Bruev/Adobe Stock; S.58/59_Good Vibrations Images/Stocksy.com; S.63_scharfsinn86/Adobe Stock; S.75_bilanol/Adobe Stock; S.81_Studio32/Adobe Stock; S.94_Hanohiki/Adobe Stock; S.98_Petair/Adobe Stock; S.105_WavebreakmediaMicro/Adobe Stock; S.109_ SFIO CRACHO/Adobe Stock; S.118/119_Upixa/Adobe Stock; S.131_ Christian Müller/Adobe Stock; S.135_Scaliger/Adobe Stock; S.138/139_ nonglak/Adobe Stock; S. 142_heiko Bielinski
LAYOUT, ILLUSTRATIONEN UND SATZ: Jürgen Kiermeier, www.layer-cake.de, Glonn
UMSCHLAGGESTALTUNG: Vera Schlachter, www.veruschkamia.de, München
HERSTELLUNG: Timo Wenda
DRUCK UND BINDUNG: Alcione, Lavis
Printed in Italy

Penguin Random House Verlagsgruppe FSC® N001967
www.suedwest-verlag.de
ISBN 978-3-517-09961-3